Matthias Huber

Bibel und Big Bang

Matthias Huber

Bibel und Big Bang

Naturwissenschaft, Religion und die größten Rätsel unserer Welt

HERDER

FREIBURG · BASEL · WIEN

MIX
Papier aus verantwortungsvollen Quellen
FSC® C014496

www.herder.de

Umschlaggestaltung: Verlag Herder
Umschlagmotiv: © agsandrew / GettyImages

Satz: Röser MEDIA GmbH & Co. KG, Karlsruhe
Herstellung: GGP Media GmbH, Pößneck

Printed in Germany

ISBN Print 978-3-451-39009-8
ISBN E-Book (EPUB) 978-3-451-82873-7
ISBN E-Book (PDF) 978-3-451-82881-2

Inhalt

1. Wider die kognitive Eintönigkeit 7

2. Ijobs Krokodil und Schrödingers Katze: Was Bibellektüre mit Quantenphysik gemeinsam hat 29

3. Endlich unendlich: Menschliche Erkenntnis und göttliche Weisheit 45

4. Gottes Spielregeln und Spielwürfel: Gesetze und Freiheiten 63

5. Stehende Uhren und Zeitmaschinen: Ewigkeit, Zeit und Heilsgeschichte 77

6. Vom Möglichen zum Faktischen: Versklavte Atome und gebrochene Spiegel 89

7. Dem Chaos abgetrotzt: Ordnung und Leben 107

8. Von der Raumzeit-Strukturierung zum ersten Wochenende: Der Schöpfungsbericht der Genesis 127

9. Beziehungsweise … Schöpfung durch Vereinigung 145

10. Zwischen den Zeilen gelesen: Gottes Spur in der Natur 153

11. Prima fürs Klima: Bibel und Ökologie 167

12. Wer früher stirbt, lebt länger ewig?
Warum mit dem Tod nicht alles aus ist 179

13. Bibel und Big Bang: Die Heilige Schrift
in der Selbstreflexion 197

14. Epilog: Gottlob glücklich! 207

Danksagung 219

Zum Autor 221

1. Wider die kognitive Eintönigkeit

„Glauben Sie nun an die Bibel oder an den Urknall?" Wer von seinem Umfeld als gläubig und (trotzdem) vernünftig wahrgenommen wird, wer sowohl Theologie als auch Naturwissenschaften zu seinen Interessengebieten zählt, kann von solchen Fragen ein Lied singen. Wie soll es gehen, so wird man gefragt, unter der Woche Informatiker, Ingenieur oder Physikerin und sonntags Christ zu sein, mit all den biblischen Geschichten über die Schöpfung, die man doch als Christ zu glauben hat?

Mich persönlich begleiteten diese oder ähnliche Fragen, seitdem ich mich als Diplomphysiker auf den Weg gemacht habe, katholischer Priester zu werden. Davon, dass beide Bereiche, Naturwissenschaften und der christliche Glaube, sich auf reale Wirklichkeit(en) beziehen, bin ich zutiefst überzeugt. Zu der sich daraus ergebenden Frage, wie Naturwissenschaft und Religion – und zwar eine biblisch begründete – widerspruchsfrei zueinander stehen sollen, gibt es bereits Berge von Literatur. Das vorliegende Buch gibt wieder, wie ich persönlich diese Frage beantworte. Zugegeben, meine Antwort fällt etwas ausführlicher aus, als man es bei einer so einfachen Frage „Glauben Sie an die Bibel oder an den Urknall?" spontan erwarten würde. Mich hat die Frage im Theologiestudium dazu angeregt, mich mit biblischen Schöpfungstexten auseinanderzusetzen. Daraus ist eine noch ausführlichere Antwort als die nun vorliegende entstanden, nämlich eine Dissertationsschrift mit dem Titel „Seh' ich den Himmel, das Werk deiner Finger. Biblische Schöpfungstexte als Modelle zur Verhältnisbestimmung zwischen Naturwissenschaften und Theologie". Auf diese Arbeit seien Hebräisch-Fans, Fußnoten-Freundinnen und Hobby-Plagiatsjäger verwiesen. Im vorliegenden Buch versuche ich, die Antwort etwas zu vereinfachen und zu verkürzen. Sie lautet so:

Die Bibel ist kein Naturkundelehrbuch. Dass dem so ist, war bereits in der Antike bekannt. So hielt es etwa Augustinus gar für Zeitverschwendung, danach zu fragen, über welche Form und Gestalt des Himmels die Heilige Schrift Auskunft gebe – ob etwa der Himmel die Erde wie eine Kugel umschließe oder sie von oben wie eine Scheibe bedecke. Solche Fragen, so Augustinus, lenken die Aufmerksamkeit von den wichtigen Dingen ab, nämlich von der Frage, wie nach der Schrift das Heil erlangt werden kann. Dass die Welt außerdem nicht im wörtlichen Sinn in sechs Tagen erschaffen worden sein kann, bemerkte schon der Theologe Origenes (185–253/54), da die Sonne laut Schöpfungstext erst am vierten Tag geschaffen wurde: „Welcher vernünftige Mensch wird annehmen, der erste, zweite und dritte Tag sowie Abend und Morgen seien ohne Sonne, Mond und Sterne geworden und der gleichsam erste sogar ohne Himmel?"

Dass es in der Neuzeit immer wieder Rückfälle hinter diese Einsichten aus der Antike gab, kann aus heutiger Sicht nur bedauert werden. In jüngerer Zeit nannte daher Papst Johannes Paul II. die Verurteilung Galileo Galileis (auch wenn sich der Streit mit den Kirchenoberen kaum auf die Frage beschränken lässt, ob die Sonne um die Erde kreist oder umgekehrt) ein „tragisches gegenseitiges Unverständnis" und bezeichnete es als einen Irrtum der Theologen, wenn sie angenommen hätten, „unsere Kenntnis der Strukturen der physischen Welt wäre irgendwie vom Wortsinn der Heiligen Schrift gefordert". Vielmehr wolle der Heilige Geist mit der Schrift zeigen, wie man in den Himmel kommt, nicht, wie der Himmel im Einzelnen aussieht. Das Christentum tut daher gut daran, die Grenzen von Glaubensaussagen anzuerkennen und die Kosmologie den Naturwissenschaften zu überlassen.

Biblische Texte sind keine naturwissenschaftlichen Texte, da es zur Entstehungszeit der biblischen Texte noch keine Naturwissenschaft in unserem Sinne gab. Ein wesentlicher

Unterschied: Moderner Wissenschaft liegt immer ein methodischer Atheismus zugrunde. Gott als Erklärung für einen Vorgang in der Natur einbauen zu wollen, würde naturwissenschaftliches Denken ad absurdum führen. Für biblische Verfasser hingegen ist die Welt des Sichtbaren kein geschlossenes System, sondern sie ist immer offen auf das Transzendente, die sichtbare Welt Übersteigende hin. Eine Kosmologie der Bibel ist damit zugleich immer Kosmo-*theologie*.

Biblische Texte und ihre kosmo-theologischen Aussagen jedoch als „alternative Fakten" zu naturwissenschaftlich-kosmologischen Erkenntnissen zu verstehen, geht komplett an den Texten vorbei. Man würde verkennen, dass sie zwar von Gott inspiriert, aber doch von Menschen verfasst sind und dass diese Menschen keine allwissenden Superhirne waren, die moderne naturwissenschaftliche Erkenntnisse vorhersehen konnten. Man verkennt damit die Eigenschaften biblischer Texte als „Gottes Wort in Menschenwort". Erwartet man von ihnen dagegen Auskunft und übernatürliches Wissen etwa über das Alter der Welt, tut sich der gefährliche Graben des *Kreationismus* auf. Dieser behauptet, mit wortwörtlicher Auslegung der kosmologischen Aussagen der Bibel zu wissen, was sie „wirklich" sagen will, nach dem Motto: „Und die Bibel hat doch recht!" Damit liefert man für Atheisten wie Richard Dawkins genügend Material für ein Pappfigurenchristentum, das genüsslich als völlig weltfremd und wissenschaftsresistent mit Spott beschossen und der Absurdität überführt werden kann. Merke also: Die Bibel ist kein Naturkundebuch! „Auch dann nicht, wenn man die sechs Schöpfungstage als erdgeschichtliche Epochen ...?" – Nein, auch dann nicht! Und Finger weg von Versuchen, anhand der Bibel das Alter der Menschheit zu bestimmen! Wem dies als Antwort auf obige Frage ausreicht, kann dieses Buch nun aus der Hand legen. Alle anderen lesen bitte weiter.

So weit, so gut. Das Problem ist nur: Wie gehen wir denn nun mit dem „*Kosmo*-Teil" in der *Kosmo-theologie* um, und wie begründet man ihre vermeintliche Unabhängigkeit von „echter" Kosmologie? Hätten die biblischen Autoren, um Missverständnisse zu vermeiden, auf solche Experimente nicht besser verzichten und den *Kosmo*-Teil aus ihren Aussagen streichen sollen?

Wenn dies die biblischen Verfasser wohl aus Nachlässigkeit oder Unvorsichtigkeit versäumt haben sollten, so versuchen heutzutage viele Theologinnen und Religionslehrer, dieses Versäumnis mit ihren Erklärungsversuchen auszubügeln. So haben sich im Religionsunterricht Standardsätze verbreitet, die der Bibel den Bezug zu realer Kosmologie von vornherein absprechen, zum Beispiel, indem sie zwischen Naturwissenschaften und Bibel quasi eine arbeitsteilige Zuweisung von Zuständigkeiten vornehmen. Diese lautet etwa so: Die Naturwissenschaften machen Aussagen über das *Wie* der Entstehung der Welt, die Bibel hingegen erklärt, *warum* Gott die Welt geschaffen hat.

Diese Schwerpunktsetzung ist in gemäßigter Form sicher nicht falsch. Die Schwierigkeit dabei ist nur: Wenn die biblischen Texte fein säuberlich von den Naturwissenschaften abgeschirmt werden sollen, dann fehlt ihnen auch der Bezug zur Welt, wie wir sie heute kennen. In dieser Welt bestimmen Naturwissenschaft und Technik unser Leben und prägen unser Weltbild. Und so bleibt dem persönlichen, von der Bibel geprägten Gottesglauben nur, sich auf eine von der sichtbaren, naturwissenschaftlichen Welt losgelöste Ebene zurückzuziehen. Mit Aussagen über das Warum und über den Sinn der Welt hat der Schöpfungsglaube zwar nicht wenig zu sagen. Wenn allerdings der Schöpfungsglaube radikal von der sichtbaren Welt der Naturwissenschaften getrennt zu sein hat, ist das Gespräch mit interessiert und kritisch Fragenden, die in einer naturwissenschaftlich geprägten Welt leben, auch schnell beendet. Glaube und Naturwissenschaften leben dann friedlich nebeneinander, ohne einander viel zu sagen zu haben; man grüßt sich freundlich, wenn man einander begegnet – mehr aber auch nicht. Dieses Manko wird auch dann nicht behoben, wenn bei solchen Abspaltungsversuchen manchmal der Unterton mitklingt, die Bibel schwebe als Sammlung von poetischen Werken ohnehin in anderen Sphären und habe es gar nicht nötig, sich auf die schnöde Naturwissenschaftsebene herabzulassen. Wenn aber etwa Eduard Mörike den Frühling sein blaues Band durch die Lüfte flattern lässt, hat auch dies gewisse Wiedererkennungsmerkmale und Bezüge zur sinnlich wahrnehmbaren Natur, *wie* sie sich zeigt.

Den biblischen Texten würde mit einer scharfen Trennung zwischen Empirie und Glaube eine Denkweise aufgezwungen, die der antiken Welt noch viel fremder war. Nirgends ist den biblischen Texten selbst zu entnehmen, dass sie sich für die Beantwortung von Warum-Fragen zuständig erklären und die Leserinnen und Leser mit einschlägigen Literaturangaben dazu auffordern, für eventuelle Wie-Fragen naturwissenschaftliches Begleitmaterial zur Hand zu nehmen. Vielmehr entstammt diese Art der Zerteilung der Wirklichkeit unserem modernen Denken. Wir sind es gewohnt, in abgesteckten Wissenschaftsbereichen jeweils eine unterschiedliche Methodik des Untersuchens und Erklärens anzuwenden. Doch auch von modernen Christinnen und Christen ist es kaum zu verlangen, dass sie sich in naturwissenschaftliche „Wie-Wesen" für den Alltag und religiöse „Warum-Wesen" für den Sonntagsgottesdienst aufspalten lassen. In den meisten Kirchen jedenfalls gelten dieselben Naturgesetze drinnen wie draußen, was uns vielleicht noch verborgen bleibt, wenn im Gottesdienst bei der Predigt das Mikrofon des Pfarrers nicht funktioniert, aber spätestens dann allen schmerzhaft bewusst wird, wenn im Winter die computergesteuerte Heizung ausgefallen ist. Auch das sonstige Alltagsleben bietet genügend Gegenbeispiele, die zeigen, dass sich das „Wie" vom „Warum" zumeist kaum trennen lässt: Wenn beispielsweise ein junger Charmeur seiner Angebeteten Blumen schenkt, *weil* er sie liebt, wäre dies kaum mit einer *Art und Weise* der Übergabe vereinbar, die darin bestünde, dass sich die Glückliche ihre Blumen aus den Gartenabfällen in der braunen Tonne selber zusammensuchen darf.

Doch nicht nur eine Trennung von Fragestellungen, die doch eigentlich einander berühren und durchdringen, scheint problematisch. Darüber hinaus haftet der grundsätzlichen Zuweisung einer eingegrenzten Fachzuständigkeit an die Bibel, die zudem über die ganze Unterschiedlichkeit der Gattungen der in ihr enthaltenen Literatur hinweggeht, etwas Entmündigendes an. Bei dem Begriff „Entmündigung" mag man an besorgte Helikoptereltern denken, die am besten zu wissen meinen, was für ihren Nachwuchs gut ist, dem sie alle Sätze am liebsten selbst in den Mund legen. Mit der Deutungshoheit über den Willen der Kinder wird diesen die Leine angelegt. Oder denken Sie an Hundebesitzer, die zu wissen meinen, dass ihr Bullterrier „doch nur spielen" will, während dieser sich gerade kläffend und zähnefletschend über Ihr Hosenbein hermacht. Ähnlich verhält es sich bei der naheliegenden Versuchung, die Heilige Schrift zur Harmonisierung mit den Vernunftvorgaben unserer Epoche in eine Art „Fachbereichsquarantäne" zu stecken: Sie konzentriere sich am liebsten auf ein- und abgrenzbare Fragen der Metaphysik – mit ihren kosmologischen Weltbildern sei sie daher quasi zu ihrem eigenen Besten herauszuhalten aus Fragen der Naturwissenschaften wie der Kosmologie. Mit dieser Bevormundung der Heiligen Schrift wird ihr letztlich ihre eigene Mündigkeit und ihre Bedeutung als normative Instanz für den Glauben an Gott und Gottes Beziehung zur Welt abgesprochen.

Von dieser Helikopterelternrolle zu unterscheiden ist die Rolle der glaubenden Gemeinschaft, die in einer lebendigen

Beziehung mit der Schrift steht und diese in ihrer Zeit immer neu deutet. Diese Gemeinschaft hat die Schrift über Jahrhunderte hinweg überliefert und immer mehr erschlossen, sie muss sich aber stets dem Anspruch stellen, sich von ihr herausfordern zu lassen und ihre Glaubenspraxis immer neu auf die in der Bibel überlieferten Ursprünge hin zu beziehen. Sollen biblische Texte jedoch einer solchen Rolle als Korrektiv gerecht werden, müssen sie sich von vornherein jedem Versuch der Zähmung entziehen und gegen Vereinnahmungen für die eigenen Lieblingsideen sperren. Denn biblische Texte sind oft sperrig, herausfordernd, manchmal provokativ und verstörend. Als Texte über Gott, die für Christen vom Geist Gottes inspiriert sind, erinnern sie uns daran, dass Gott immer größer ist als die Schubladen und Korsette unseres Plausibilitätsdenkens, in die wir ihn am liebsten hineinzwängen möchten.

Ein solcher Schritt, der Bibel ihren eigenen Willen zu lassen, bedeutet – sofern die Bibel Maßstab für den eigenen Glauben sein soll – Kontrolle über einen Teil des eigenen Lebens aus der Hand zu geben. Wobei der Verlust von Kontrolle meistens Ängste hervorruft. Eine solche Angst könnte mit Blick auf Schöpfungstexte der Bibel darin bestehen, dass letztlich nur die Möglichkeit bleibt, seine Persönlichkeit dann eben doch hoffnungslos in verschiedene Fragmente aufspalten zu müssen: in das rationale Ich, das selbstverständlich Smartphones und Tablets benutzt, und das glaubende Ich, das sich Sonntag für Sonntag Geschichten von sprechenden Schlangen im Paradies, von Mauern-zu-Fall-bringender Blasmusik und von Propheten in Fischbäuchen anhört. Ein solches Doppelleben scheint vielen nur mit der Diagnose „kognitive Dissonanz" erklärbar zu sein. Kognitive Dissonanz bedeutet – in einer Facette –, trotz besseren Wissens etwas zu tun, was selbst der eigenen Vernunfterkenntnis zuwiderläuft.

Mir persönlich wurde einmal vom atheistischen Bestsellerautor Philipp Möller kognitive Dissonanz bescheinigt. Die humanistische Giordano-Bruno-Hochschulgruppe in Konstanz hatte mich zu einem von ihm gehaltenen Vortrag über sein Buch *Gottlos glücklich* eingeladen – worauf im vorliegenden Buch das letzte Kapitel kurz antwortet. Abgesehen von einer zugegebenermaßen teils recht unterhaltsamen Darstellung mancher Eigenheiten der katholischen Kirche wartete der Vortrag mit ziemlich abenteuerlichen Thesen auf: Christen begründen ihren Glauben, so referierte Möller, nur damit, dass die Existenz Gottes zwar nicht beweisbar, aber ja auch nicht widerlegbar sei. Was bekanntermaßen auch für die Existenz der Zahnfee oder des Spaghetti-Monsters gelte. Glaube sei nicht Wissen, glaubte Möller zu wissen, und daher auch aus dem Schulunterricht zu verbannen. Katholische und evangelische Christen nämlich beteten Sonntag für Sonntag wider alle Vernunft: „Ich glaube an Gott, den Schöpfer des Himmels und der Erde." Und dies bedeute, so Möllers damaliger Informationsstand, die Welt sei nach christlicher Auffassung in sechs Tagen entstanden. Die Bibel sei als überholtes Geschwätz von Nomaden und Schafhirten daher endlich aus dem Verkehr zu ziehen.

In der anschließenden Fragerunde kam es auch zu einer Diskussion über das konfliktträchtige Verhältnis von Religion und Naturwissenschaft. Nur drei Prozent der Naturwissenschaftler seien laut Umfragen gläubig; und dabei handele es sich vor allem um diejenigen, die weniger reflektiert seien, behauptete Möller. Ich meldete mich zu Wort und wies darauf hin, dass in diesem Fall zu den weniger reflektierten Naturwissenschaftlern auch Isaac Newton, Albert Einstein, Max Planck, Niels Bohr, Werner Heisenberg und Georges Lemaître, der „Entdecker" des Urknalls, gehörten. Indem mich Herr Möller nach einem kurzen Wortgefecht aufgrund meines dann aufgeflogenen Doppellebens als Physiker und Priester kurzerhand mit der Diagnose

„kognitive Dissonanz“ versah, fand die Zwischendiskussion zur Vereinbarkeit von Glaube und Naturwissenschaften jedoch einen jähen Abbruch.

Im Nachhinein bin ich Herrn Möller allerdings dankbar für seine schonungslose Offenheit, denn ich lernte mit der Zeit, mit dem Befund „kognitive Dissonanz“ zu leben; ja sogar mich mehr und mehr mit ihm anzufreunden. Bedeutet das Gegenteil nämlich eine „kognitive Eintönigkeit“, dann bin ich gerne kognitiv dissonant. Musikalisch gesehen, so könnte man einwenden, könnte die korrekte und gesündere Alternative zur kognitiven Dissonanz auch eine kognitive *Konsonanz* sein: ein Zusammenklang statt eines Missklangs. Wer musiziert, weiß jedoch, dass eine Konsonanz ein Zusammenführen von Verschiedenem, oft auch von zunächst Dissonantem ist. Keine interessante Komposition kommt ohne Dissonanzen aus, die auf verschiedenem Wege zur Auflösung geführt werden, manchmal auch wie eine unbeantwortete Frage im Raum stehen bleiben. Ob ein Intervall als Konsonanz oder Dissonanz erscheint, hängt teils vom eigenen Empfinden, teils vom musikalischen Kontext ab. Eine große Septime, wenn Sie also beispielsweise auf dem Klavier ein C und das nächsthöhere H gleichzeitig spielen, klingt für sich erst einmal schräg; zusammen mit einem E und einem G klingt die Kombination dagegen richtig groovig, und im Jazz sind gerade solche Akkorde das Salz in der Suppe. Auch in der älteren Musik, etwa in Fugen von Johann Sebastian Bach, bilden verschiedene Stimmen als Dux („Anführer“) und Comes („Begleiter“), die sich gegenseitig ein Motiv in immer neuen Variationen wie einen Spielball hin- und herwerfen, ein spannungsvolles Beziehungsgefüge.

Im Blick auf das Zusammenspiel von Naturwissenschaften und Glaube könnte eine vermeintlich reine, dissonanzfreie kognitive Konsonanz nur darin bestehen, jede Vielfalt, Verschiedenheit bis hin zur Gegensätzlichkeit der Perspektiven zu unterbinden und sich allein auf eine Eintönigkeit und Eindimensionalität bzw. eine vermeintliche „Paralleltonalität" der Wirklichkeit zurückzuziehen. Mich würde ein solches Weltbild jedoch nicht befriedigen. Nur widerwillig wollte ich darauf verzichten, dass sich die Welt je nach den Voraussetzungen der Betrachterinnen und Betrachter aus naturwissenschaftlicher, theologischer, künstlerischer, poetischer, musikalischer Perspektive und daher in einer teils sehr spannungsvollen Vielfalt sehen lässt. Die Zusammenführung der Perspektiven erfordert die Bereitschaft zu äußerem und innerem Dialog, zur Verschmelzung von verschiedenen Horizonten. Deren Ergebnis kann nicht mehr jene Eintönigkeit sein, die zwar spannungsfrei ist, jedoch unterschiedliche Perspektiven und Klänge voneinander isoliert. Sie ist auch kein immer gleichbleibender Parallelklang. Vielmehr ist sie ein durch ein Auf und Ab gegangenes, ein vielleicht phasenweise entzweites, jedoch versöhntes, geläutertes und damit bereicherndes Miteinander.

Das Interessante bei der Bibel ist: Sie ist gerade nicht die *eine* dissonante Stimme, die sich angeblich nicht in ein konsonantes, will heißen naturwissenschaftlich plausibles Weltbild einfügen lässt. Sondern sie bringt uns bereits *in sich* eine solche geläuterte, spannungsvolle und zugleich ausgesöhnte Mehrstimmigkeit zu Gehör. Sie ist *in sich* schon mehrstimmig wie eine Symphonie, da sie eine Sammlung von Literatur mit unterschiedlichsten Gattungen, mit teils lobpreisendem, teils faktisch wiedergebendem, teils fiktional erzählendem Charakter ist, mit unterschiedlichen, teils gegensätzlichen Perspektiven. Gemeinsam ist allen Texten, dass sie Erfahrungen der Menschen mit ihrem Gott wiedergeben. Die Wiedergabe dieser Erfahrungen in einem Zeitraum von ca. eintausend Jahren sprengt jede Art von Normen, mit der sie menschliches Plausibilitätsdenken bändigen will. Oder musikalisch gesprochen: jeden Versuch, sie in die kognitive Einstimmigkeit zu verbannen oder ihr wie einem

Sänger das Mikrofon abzudrehen, falls mir ihre Stimme kakophon vorkommt und nicht in meine Welt passen will.

Am Ende des langen Prozesses von Überlieferungen, Verschriftlichung und Ergänzungen, den die Heilige Schrift durchlaufen hat, kann nur eine Zusammenschau von unterschiedlichsten Perspektiven stehen, eine Symphonie von Klängen, die sich teils dissonant, teils konsonant zusammenfügen. Genau hierzu brauchen wir das „Kosmo“ in der *Kosmo-theologie* der Bibel. Insbesondere kosmo-theologische biblische Schöpfungstexte wirken jedem Versuch einer Aufspaltung der Wirklichkeit in parallele Eintönigkeiten entgegen. Sie wirken verbindend und integrierend, beziehen in den Glauben an Gott auch das Wissen um die Welt ein. Und auch wenn gilt, dass die Bibel kein naturwissenschaftliches Lehrbuch ist: Die biblischen Schöpfungstexte sind zu vielseitig, zu perspektivenreich, zu sehr empfänglich für das Wissen ihrer Zeit, als dass man von ihnen behaupten könnte, dass sie sich nicht für zeitgemäßes Naturwissen interessieren würden. Würden die biblischen Verfasser heute leben und Schöpfungstexte schreiben, würden sie dies sicher nicht ohne ein fundamentales Interesse dafür tun, was die Naturwissenschaften zur Entstehung des Kosmos, der Erde und des Lebens zu sagen haben. Sie sind damit für den heutigen Bibelleser alles andere als die Problemstimmen, die man aus dem Chor der inneren Stimmen der Vernunft aussondern muss. Vielmehr sind sie selbst Beispiele einer gelungenen Synthese von damaligem Naturwissen und Gottesglauben und regen dazu an, eine ähnliche Synthese des Gottesglaubens mit heutigem naturwissenschaftlichem Wissen zu vollziehen. Damit entsprechen sie einem Grundbedürfnis des Menschen, zersplitterte Bereiche seiner Existenz zusammenzuführen und so auch seine naturwissenschaftliche und seine religiöse Seite zu einem Ganzen zu verbinden. Die in vielen Sprachen bezeugte Verwandtschaft von „heil“ und „ganz“ drückt aus, dass die

Suche nach dem Ganzen in der menschlichen Natur begründet zu sein scheint: So geht etwa im Englischen das Wort „health“ auf „hale“ zurück, welches wiederum mit dem Wort „whole“ verwandt ist. Biblische Schöpfungstexte halten damit das Verlangen nach einem unverkürzten Menschsein wach, das nach einer Verbindung seiner physischen und geistigen Dimension, von empirischem Wissen und dessen spiritueller Deutung verlangt.

Die Bibel selbst würde eine solche Grundhaltung, die unterschiedlichen Perspektiven Raum gibt und sie zu einem Ganzen integriert, als *Weisheit* (*chokmah*) bezeichnen. Weisheit ist in der Bibel nicht nur ein Begriff, sondern bezeichnet eine ganze Tradition, zu der Bücher wie das Buch der Weisheit, das Buch der Sprichwörter, Kohelet oder Ijob gehören. Charakteristisch für diese Tradition ist die Verbindung von Weltwissen – darunter auch Wissen über die Natur – mit einer lebenspraktischen Kompetenz. Weisheit ist nach der Bibel im umfassenden Sinn Welterkenntnis, die auf das Verstehen von Natur und Welt, aber auch der Ordnungen des menschlichen Lebens und Zusammenlebens ausgerichtet ist. Prototypisch wird in der Bibel die Figur des Weisen anhand der Gestalt des Königs Salomo vor Augen geführt. Seine Geschichte ist bekannt: Gott erscheint Salomo nachts im Traum und gewährt ihm eine Bitte. Und dieser wünscht sich, was er als junger und unerfahrener Thronfolger am meisten benötigt: Statt eines langen Lebens oder eines Siegs über seine Feinde bittet er um ein hörendes Herz, um sein Volk zu regieren und Gut und Böse zu unterscheiden. Gott ist angetan von dieser Bitte und schlägt sie ihm nicht aus. Als Träger dieser Weisheit wird Salomo eine Kenntnis sämtlicher Tier- und Pflanzenarten nachgesagt. Die Kenntnis der Natur ist bei einem weisen Menschen auch immer verbunden mit einer hohen lebenspraktischen Kompetenz, wie sie Salomo an seinem salomonischen Urteil unter Beweis gestellt hat. Salomos weltbekannte Weisheit wird im ersten Buch der Könige so beschrieben:

Gott gab Salomo Weisheit und Einsicht in hohem Maß und Weite des Herzens – wie Sand am Strand des Meeres. Die Weisheit Salomos war größer als die Weisheit aller Söhne des Ostens und alle Weisheit Ägyptens. Er war weiser als alle Menschen, weiser als Etan, der Esrachiter, als Heman, Kalkol und Darda, die Söhne Mahols. Sein Name war bekannt bei allen Völkern ringsum. Er verfasste dreitausend Sprichwörter und die Zahl seiner Lieder betrug tausendundfünf. Er redete über die Bäume, von der Zeder auf dem Libanon bis zum Ysop, der an der Mauer wächst. Er redete über das Vieh, die Vögel, das Gewürm und die Fische. Von allen Völkern kamen Leute, um die Weisheit Salomos zu hören, Abgesandte von allen Königen der Erde, die von seiner Weisheit vernommen hatten. (1 Kön 5,9–14, EÜ[1])

Nein, die Bibel ist kein Naturkundelehrbuch. Dennoch gibt sie gerade mit ihren Bezügen zur Natur, insbesondere in der Weisheitsliteratur, eine Richtung vor, die für die heutige Gesellschaft vor dem Hintergrund der aktuellen Krisen unumgänglich scheint: den Sprung von einer Wissens- und Informationsgesellschaft hin zu einer „Weisheitsgesellschaft" zu vollziehen. Diese müsste sich – nach salomonischem Vorbild – durch eine Balance zwischen Vernunft und Herz, zwischen naturwissenschaftlicher und technischer Kompetenz einerseits und durch eine große Liebe für die Umwelt und die Mitgeschöpfe andererseits auszeichnen. Atheistische Zeitgenossen mögen einen solchen gesamtgesellschaftlichen Anspruch eines religiösen,

---

1 Wenn Übersetzungen der Einheitsübersetzung entnommen sind, sind sie im Folgenden wie hier mit EÜ vermerkt. Im anderen Fall handelt es sich um eigene Übersetzungen.

ja kirchlich überlieferten Buchs empört zurückweisen. Jedoch hat sich kaum ein anderes Buch wie die Bibel in unser kulturelles Gedächtnis eingebrannt. Gerade in seiner Verbindung von Glaube und Welt trägt es der Tatsache Rechnung, dass die großen Fragen des Menschen nach gelingendem und erfülltem Leben, nach seiner Hoffnung, seinem Woher und Wohin nur schwer auf rein säkularem Boden abzuhandeln sind. Ohne eine Offenheit ins Transzendente, über die sichtbare Welt Hinausweisende, beinhalten Sinnangebote nur den Wert, den ihnen ein mehr oder weniger breiter gesellschaftlicher Konsens zubilligen kann. Die Würde des Menschen, seiner Mitlebewesen und seiner Umwelt ist nur dann *absolut* unverfügbar, wenn sie mehr ist als menschengemachter Konsens. Die Bibel war mit ihrer Rede vom Menschen als Bild Gottes jahrhundertelang Grundlage für einen Wert und eine Würde, die jedem menschlichen und gesellschaftlichen Konsens vorgelagert ist. Über Jahrhunderte bildete die Bibel in dieser Suchbewegung nach Sinn und Hoffnung eine gemeinsame Basis für Kunst und Kultur. Auch wenn sie heute nicht mehr dieselbe breite gesellschaftliche Akzeptanz besitzt, wäre es vor dem Hintergrund aktueller Krisen fatal, einen jahrtausendealten kulturellen Schatz und eine zumindest potenzielle Erkenntnisquelle einfach in der Versenkung verschwinden zu lassen, die große Teile der Menschheit verbindet und weit über den jüdisch-christlichen Kontext hinaus Anerkennung und Wertschätzung genießt. Damit soll nicht die Berechtigung alternativer säkularer Sinnangebote ausgeschlossen werden. Nur sollten diese ihre Überzeugungskraft aus sich selbst heraus generieren und nicht allein dadurch, dass sie meinen, mit der Bibel eine Tradition abkanzeln zu müssen, die vielen Menschen Halt und Zuversicht gibt und ihnen Maßstab ist für ein gutes und gelingendes Leben. Vernünftigerweise sollte es gesamtgesellschaftlich keine Sorge um ein Zuviel an solchen Quellen geben, eher um ein Zuwenig.

Hieran ändert auch der häufig vorgebrachte Einwand nichts, die Bibel sei an vielen Stellen gewaltverherrlichend. Hierzu ein paar Worte: Es stimmt zwar, an manchen Stellen wird beschrieben, dass das Gottesvolk mit seinen Gegnern nicht gerade zimperlich umgegangen ist. Bei der Eroberung Jerichos durch Israel sind Männer und Frauen, Kinder und Greise dem Schwert zum Opfer gefallen (Jos 6,21). Doch wenn man diese Szenen schon unbedingt – oft mit leicht durchschaubarem Interesse – als Aufforderung zur Nachahmung in der eigenen Nachbarschaft missverstehen will, dann sollte man sich vor Augen halten: Die Texte bewegen sich – abgesehen von der bestreitbaren Historizität der „Landnahme Israels" – im Kontext des Alten Orients, in dem es mitunter weit gewalttätiger zuging, als uns heute lieb ist, und man sich über weite Zeitphasen hinweg in einer Welt von Stammeskriegen außerhalb des Schutzes der eigenen Sippe seines Lebens niemals so sicher sein konnte. In diesem Kontext bot die jüdische Religion einen enormen Fortschritt. Mit dem Talionsgesetz „Auge um Auge, Zahn um Zahn" führte sie nicht wie oft angenommen eine Legitimation, sondern eine Begrenzung der Gewalt ein und schob ihrer Eskalation einen Riegel vor. Dass dem Gottesvolk im Bundesschluss zudem das Gebot – wörtlich übersetzt – „Du wirst nicht töten" mit auf den Weg gegeben wurde, ist bekannt. Davon abgesehen: Die christliche Deutung der Bibel als Maßstab für christliches Ethos setzt bei den Worten Jesu im Neuen Testament an, insbesondere bei der Bergpredigt, die mit den Worten „Ich aber sage euch" so manche schwierige Überlieferung korrigiert und in ein neues Licht stellt. Zu diesen für christliches Ethos maßgeblichen Worten Jesu gehört der Satz: „Selig die Sanftmütigen [frühere EÜ: die keine Gewalt anwenden], denn sie werden das Land erben." (Mt 5,5 EÜ) Oder an anderer Stelle seine Antwort auf die Verurteilung einer Ehebrecherin: „Wer von euch ohne Sünde ist, werfe den ersten Stein auf sie." (Joh 8,7 EÜ) Bei unzähligen Menschen wirkte die Heilige Schrift unter dieser Prämisse bewusstseinsbildend und prägend für einen Umgang mit ihren Mitmenschen, der von Mitmenschlichkeit, Nächstenliebe, Nachsicht und Vergebung gekennzeichnet ist. Wer wie Philipp Möller den Abschied von der Bibel als überkommenem Schafhirtengeschwätz einfordert, der bleibt der Menschheit eine gleichwertige Alternative schuldig – ein Sinnangebot von dem Format *„Gottlos glücklich"* vermag diesen Anspruch kaum ernsthaft zu erfüllen.

Um die verborgenen Schätze der Bibel, in unserem Fall der Schöpfungstexte, zu bergen und ihre Bedeutung für unser heutiges Weltbild herauszustellen, kann an die Stelle einer von außen auferlegten „Fachbereichsquarantäne" nur der aufrichtige Versuch treten, mit den Texten in einen Dialog zu treten und sie auf ihre eigene, möglichst unverfälschte Aussageabsicht zu befragen. *Biblische Texte wollen so verstanden werden, wie sie sich selbst verstehen.* Dieser sogenannte Fundamentalsatz der Exegese klingt zunächst selbstverständlich, ist aber auch mit Blick auf Fehldeutungen, die etwa die Texte der Verherrlichung von Gewalt bezichtigen, kaum hoch genug anzusetzen. Der aus den Texten selbst ableitbaren Aussageabsicht auf die Spur zu kommen, mit anderen Worten: herauszufinden, wie die biblischen Texte sich selbst verstehen, macht sich die wissenschaftliche Exegese zur Aufgabe. Diese untersucht die Texte der Bibel in ihrer originalen Sprache und in ihrem ursprünglichen kulturellen Kontext. Dabei bezieht man auch die damals gängigen Vorstellungen, Weltbilder, Bräuche und Traditionen ein, indem man etwa nach Ähnlichkeiten in anderen schriftlichen Zeugnissen des Alten Orients Ausschau hält. In den Schöpfungstexten beispielsweise haben sowohl damals geläufige Mythen und Sagen als auch Naturwissen und frühe Formen von Astronomie ihren Niederschlag gefunden. Und wie bereits in der Zeit Jesu um die richtige Deutung der Überlieferung gerungen wurde, so steht jede Epoche vor der Aufgabe, die Bibel aus dem eigenen Lebenskontext heraus zu deuten und neu auf ihre Lebenswelt anzuwenden.

Eine solche Herangehensweise an die Bibel als Dialogpartnerin, die verstanden werden will, wie sie sich selbst versteht, unterscheidet sich fundamental von einer Zuweisung eines Zuständigkeitsbereichs an die Bibel, in dem sie letztlich „doch recht haben" darf. Nach einem solchen Verständnis würde die Bibel instruieren und belehren, vergleichbar der Bedienungsanleitung eines Küchengeräts. Leserinnen und Leser sind Empfänger; in dieser Rolle nehmen sie das Gesagte auf. In der Theologie spricht man in diesem Zusammenhang von einem sogenannten *instruktionstheoretischen* Modell von Offenbarung. Wenn aber Offenbarung so verstanden wird, dass eine Kommunikation zwischen Gott und dem Menschen stattfindet, dann tritt die Frage, wer recht oder unrecht hat, in den Hintergrund. Vielmehr geht es um ein aufrechtes Bemühen darum, Gottes Wort als ein persönliches Wort an mich zu verstehen, als ein lebendiges Beziehungsangebot. Dieses Verständnis bezeichnet die Theologie als *kommunikationstheoretisches* Offenbarungsmodell.

Bei einem Paradigmenwechsel vom instruktionstheoretischen zum kommunikationstheoretischen Offenbarungsmodell kommt die Theologie nicht umhin, sich mit der Frage zu beschäftigen: Was geht eigentlich vor sich, wenn wir meinen, jemanden oder etwas verstanden zu haben? Mit dem Vorgang des Verstehens beschäftigt sich in der Philosophie die Disziplin der *Hermeneutik*. Sie ist benannt nach Hermes – in der Zeit des boomenden Online-Handels muss dazugesagt werden: dem Götterboten, der die Botschaften des Zeus überbringt. Die Hermeneutik beschreibt die Voraussetzungen dafür, dass der Sinngehalt aus der Welt des Textes wie von einem solchen Boten in die Welt der Leserinnen und Leser übertragen werden kann.

Sie versucht damit auch bei biblischen Texten, den Graben von über zweitausend Jahren zu überwinden. Der Philosoph, der als ein Begründer der philosophischen Hermeneutik gilt, ist Wilhelm Dilthey. Für ihn ist Verstehen das „Wiederfinden des Ich im Du". Anders gesagt: Es ist ein inneres Nachempfinden und Nacherleben eines Werks. Erlebnisse, Gefühle, Stimmungen, die in einem Text wie in einem Gedicht festgehalten sind, werden in reales Leben zurückverwandelt. Der Philosoph Hans-Georg Gadamer hat für das Verstehen den Begriff der *Horizontverschmelzung* geprägt. Wenn ein Gegenüber, ob es eine Person oder ein Text ist, verstanden wird, dann verbinden sich zwei Horizonte, zwei Gesichtskreise, innerhalb derer das Auge bislang nur eine begrenzte Reichweite hatte. Die Horizontverschmelzung ermöglicht es, über den bisherigen Horizont hinauszusehen und den Gesichtskreis des Gegenübers in den eigenen einzuverleiben und so den Horizont Schritt für Schritt zu vergrößern. Auch in dieser Hinsicht ist die Bibel wiederum Vorbild für gelungenes Verstehen. Sie ist selbst das Ergebnis ständiger Horizontverschmelzungen und -erweiterungen.

In den Horizont eines anderen Menschen einzutauchen und sich diesen anzueignen, nachzuerleben und nachzuvollziehen können, was eine andere Person bewegt, was sie erlebt, denkt und fühlt, ist eine bereichernde Erfahrung. Menschen, die diese Gabe besitzen, bei einer Begegnung sich in ihr Gegenüber hineinzuversetzen, hinterlassen Eindruck; sie wirken anziehend und faszinierend, wir erkennen in ihnen eine innere Größe und Weite. Solche Menschen haben einen weiten Horizont, weil sie in jeder noch so von Gegensätzlichkeit geprägten Begegnung ihren eigenen Horizont zu vergrößern wissen. Von ihnen fühlt man sich unweigerlich gut verstanden.

Eigentlich müsste jedem an solchen möglichst horizonterweiternden Begegnungen, ob mit Menschen oder Texten, gelegen sein. Doch wie schwer das fällt, wissen wir aus eigener

Erfahrung. Wir sind eher auf Bestätigung für unsere Denkweisen aus als auf Horizonterweiterung, denn Letztere ist unbequem, sie fordert heraus, den eigenen Standpunkt zu verlassen und neue Perspektiven einzunehmen. Das Internet und soziale Medien bestärken in uns diese Tendenz – sie wirken als Echokammer der eigenen Meinungen und Vorlieben und wirken schon deshalb nicht als Korrektive, weil sie bestrebt sind, Trends zu verstärken und diese mit zielgenauer Werbung zu bedienen. Im realen Leben erlebe ich Gespräche mit Menschen konträrer Auffassungen, etwa Religions- und Kirchenkritikern, als sehr horizonterweiternd – solange es eine gemeinsame Basis des Verstehenwollens gibt. Ist diese nicht mehr vorhanden, tritt an die Stelle der Diskussion oft nur noch die Polemik. Auch in der Kirche ist der Trend zu beobachten, dass einem Gegenüber mit anderer Meinung mitunter die Vernunft abgesprochen oder seine Position als unerträglich oder anstößig gebrandmarkt wird.

In seiner Theorie der sogenannten *Gewaltfreien Kommunikation* entlarvt Marshall B. Rosenberg ein solches Vorgehen als Form von kommunikativer Gewalt. Wer sein Gegenüber, ob Texte oder Personen, wertend beurteilt, verlässt die Rolle des Kommunikationspartners. Statt auf Augenhöhe mit dem Gegenüber zu bleiben, setzt er sich auf den Richterstuhl und führt damit ein Machtgefälle ein. Beziehungs- und verständnisfördernd ist es dagegen, auf Beurteilungen und Wertungen zu verzichten. Rosenberg empfiehlt, bei Beobachtungen, Äußerungen von Gefühlen, von Wünschen und Bedürfnissen bzw. Bitten zu bleiben.

Auf die Lektüre der Bibel übertragen ist es offensichtlich ebenso der Kommunikation und Verständigung abträglich, wenn die Texte von vornherein als „Schafhirtengeschwätz" abgetan werden. Auf diese Form von kommunikativer Gewalt würde die Bibel selbst antworten: „Wer einen Stein nach Vögeln wirft, verscheucht sie, und wer einen Freund beleidigt, löst die Freundschaft auf" (Sir 22,20, EÜ).

Auch mit Blick auf Aussagen der Bibel über Natur und Kosmos helfen Vorverurteilungen für das Verstehen des eigentlich Gemeinten nicht weiter. In diesem Fall werden sich die Vorurteile beim Lesen nur bestätigen, und eine so vorgeprägte Lektüre wird sich nur als Echokammer der vorweg eingenommenen Haltung erweisen. Eine interessierte und offene Haltung wird in der Bibel ebenfalls eine interessierte und offene Gesprächspartnerin finden. Denn auch wenn unser naturwissenschaftlicher Kenntnisstand dem biblischen um Jahrtausende voraus ist, findet Verstehen und Kommunikation erst dann statt, wenn den Texten und ihren Weltbildern ihre eigene kontextgemäße Logik, ihre Plausibilität und Vernünftigkeit zuerkannt wird.

Ein Beispiel: Oft wird für die vermeintliche Absurdität biblischen Naturwissens geltend gemacht, dass der Hase laut Bibel ein Wiederkäuer sei (Lev 11,6). Wenn man voraussetzt, dass die biblischen Autoren unsere moderne zoologische Systematik gekannt und nach modernem Standard verwendet haben sollen, kann man nur in blankes Entsetzen über einen solchen Anfängerfehler des Verfassers geraten und damit die ganze Bibel als Unsinn abtun. Berücksichtigt man jedoch, dass die biblischen Autoren die Tier- und Pflanzenwelt sehr genau beobachteten und daher wussten, dass Hasen ihren eigenen Kot, genauer gesagt den noch unverdauten Blinddarmkot fressen und erneut verdauen, kann man der biblischen Beschreibung mit etwas Wohlwollen hingegen zumindest eine gewisse Plausibilität abgewinnen.

Wer die Bibel von vornherein beiseitelegt, weil sie ja wider allen naturwissenschaftlichen Sachverstand behaupte, dass Gott die Welt in sechs Tagen geschaffen habe, wird es versäumen, sich in die ausgeklügelte Logik und die perspektivische Vielfalt der biblischen Urgeschichte hineinzudenken. Und damit ist die

Chance verpasst, das eigene Weltbild im Dialog mit dem biblischen Gegenüber aus dem Gottesglauben heraus zu deuten und neu verstehen zu lernen. Um das Ziel eines solchen Gesprächs zwischen der Bibel und einem naturwissenschaftlich geprägten Weltbild soll es in den nächsten Kapiteln gehen. Wir beginnen mit zwei auf den ersten Blick sehr unterschiedlichen Schoßtieren von zwei sehr unterschiedlichen Herren.

2. Ijobs Krokodil und Schrödingers Katze: Was Bibellektüre mit Quantenphysik gemeinsam hat

Viele Texte in der Bibel geben den Exegeten bislang ungelöste Rätsel auf. Oft sind uneindeutige, nicht klar übersetzbare Begriffe Anlass für vielfältige Spekulationen. Hin und wieder haben sich in die Textüberlieferung Schreibfehler eingeschlichen, die die Exegese vor die Herausforderung stellen, die ursprüngliche Wortbedeutung herauszufinden. Manchmal weiß man aufgrund der Bedeutungsunschärfe von Begriffen schlicht nicht, wen oder was der Verfasser meint. Ein berühmtes Beispiel ist die Ankündigung des Propheten Jesaja an den König Ahas, dass Gott ein Zeichen geben werde: „Seht, die *alma* hat ein Kind empfangen." Das Neue Testament greift die griechische Übersetzung von *alma* mit *parthenos*, Jungfrau, auf und sieht diese Ankündigung in der Geburt Jesu von der Jungfrau Maria erfüllt. Die Frage, ob mit dem Begriff tatsächlich die Jungfrau gemeint ist oder schlicht eine junge Frau (was *alma* auch bedeuten kann), sorgt nach wie vor für Diskussionsstoff.

Eine Uneindeutigkeit, über die sich Zoologen mit Orientalisten die Köpfe heiß diskutieren können, findet sich im Buch Ijob. Die Geschichte des Buches kurz zusammengefasst: Ijob ist ein gerechter Mann, der sich zeit seines Lebens an die Gebote Gottes gehalten hat. Trotzdem sucht ihn ein Schicksalsschlag nach dem anderen heim; er verliert Haus, Hof und seine Kinder. Ihn selbst befällt eine pestartige Krankheit, sodass er, um sich Linderung zu verschaffen, mit Scherben seine Haut schaben muss. Sein bisheriges Weltbild, demgemäß ein gerechtes Leben und ein wohlgesonnenes Schicksal Hand in Hand gehen, bricht in sich zusammen. Die Freunde Ijobs reden auf ihn ein und versuchen, um dieses Weltbild doch noch aufrechtzuerhalten, dem Geplagten mit gutgemeinten Rat-schlägen (wobei hier der Schwerpunkt auf dem zweiten Wortteil liegt) irgendeine von ihm begangene Schuld nachzuweisen. Doch Ijob ist sich seiner Gerechtigkeit so sicher, dass er sich Gott persönlich herbeiwünscht, um ihn auf die Anklagebank zu setzen und zum Rechtsstreit herauszufordern. Am Ende des Buches kommt Gott diesem Wunsch durch sein persönliches Erscheinen nach und führt Ijob ein ganzes Naturpanorama vor Augen. Zu den vorgeführten Wesen zählen *Behemot* und *Leviatan*. Aufgrund ihrer Beschreibungen werden sie normalerweise mit Nilpferd und Krokodil übersetzt: Ersteres ist groß, lebt am Fluss und frisst Gras, Letzteres besitzt einen Schuppenpanzer und furchteinflößende Zähne. Man würde allerdings im Urtext für die beiden Tierarten eindeutigere Begriffe erwarten. *Behemot* heißt wörtlich eigentlich nur „großes Tier“ und *Leviatan* wörtlich „etwas, das sich windet“. Spätestens dann, wenn davon die Rede ist, dass der *Leviatan* Feuer speit und das *Behemot* das größte und furchteinflößendste aller Tiere sein soll, hat man die zoologische Eindeutigkeit von Nilpferd und Krokodil hinter sich gelassen, und man meint, es bei dem bis dahin zoologisch gut informierten Verfasser mit einem Erfinder von Fabelwesen zu tun zu haben (aus verschiedenen Gründen wird auch angenommen, dass die Beschreibung der beiden Wesen nachträglich in den Text eingefügt wurde). Wir kommen später noch einmal auf die genannten Wesen zurück.

Ein weiteres Beispiel von unklarer Identität ist der Gottesknecht, der im Jesajabuch (genau genommen beim sogenannten Deuterojesaja, d. h. dem „zweiten Jesaja“) besungen wird. Diese Gottesknechtslieder sind in das sogenannte Trostbuch Israels integriert: Dem Volk Israel, das in babylonischer Gefangenschaft harrt, wird durch den Perserkönig Kyros, der als eine Art Werkzeug Gottes angesehen wird und das Volk befreien soll, Rettung zugesagt. Von Kyros unterschieden jedoch ist ein mysteriöser Knecht JHWHs.[2] Die Lieder, die ihn beschreiben, sind in das Trostbuch eingestreut. Das vierte dieser sogenannten Gottesknechtslieder ist besonders mysteriös. Dem Knecht wird ein sehr leidvolles Schicksal zugeschrieben:

53,3 *Er wurde verachtet und von Menschen verlassen,*
ein Mann von Schmerzen, mit Krankheit vertraut.
Und wie wenn man vor ihm das Gesicht verhüllt,
war er verachtet, so schätzten wir ihn nicht.
4 *Jedoch, unsere Krankheiten hat er getragen*
und unsere Schmerzen hat er sich selbst aufgeladen.
Wir aber hielten ihn für getroffen,
für geschlagen von Gott und gebeugt.
5 *Er aber war durchbohrt von unseren Vergehen,*
zerschlagen von unseren Verschuldungen.
Zu unserem Heil lag Züchtigung auf ihm,
durch seine Wunde haben wir Heilung gefunden.
6 *Wir alle irrten wie Schafe umher,*
jeder wandte sich seinem Weg zu.
Doch JHWH ließ auf ihn treffen die Schuld von uns allen.
Er wurde gequält und er beugte sich,
ohne dass er seinen Mund auftat.
Wie ein Lamm, das zum Schlachten geführt wird,
und wie ein Mutterschaf vor seinen Scherern verstummt,
so tat auch er seinen Mund nicht auf.

2 „JHWH", das sogenannte Tetragramm, ist der Eigenname des Gottes Israels. Da dieser Name bei Jüdinnen und Juden nicht ausgesprochen werden darf, ersetzen sie ihn beim Lesen durch „Adonai" (d. h. „mein Herr", „mein Gebieter"). Die Einheitsübersetzung von 2016 setzt an seine Stelle daher das Wort „HERR".

Weil der leidende Knecht aber für sein Volk einsteht, steht ihm nach aller Erniedrigung in Aussicht, von Gott erhöht und reich beschenkt zu werden:

11 *Ohne die Mühsal seines Lebens wird er Licht schauen,*
wird sich an seiner Erkenntnis sättigen.
Als Gerechter macht mein Knecht die Vielen gerecht;
indem er sich ihre Verschuldungen selbst auflädt.
12 *Deshalb werde ich ihm Anteil geben unter den Großen*
und mit Mächtigen wird er die Beute teilen,
dafür, dass er sein Leben dem Tod preisgab
und sich zu den Abtrünnigen zählen ließ […].

Vielen katholischen und evangelischen Christen ist dieses Lied vom Gottesknecht aus der Karfreitagsliturgie bekannt. Manchen dürfte die Antwort auf die Frage nach der Identität des Knechts ohnehin kinderleicht vorkommen: Sie haben nämlich wie die Schulkinder im Religionsunterricht herausgefunden, dass man bei den meisten Fragen mit der Antwort „Jesus" zumindest „irgendwie richtig" liegt. Und tatsächlich sieht der christliche Glaube vieles, was bei den Propheten niedergeschrieben ist, besonders auch in den Gottesknechtsliedern, die etwa 550 Jahre vor der Geburt Jesu entstanden, in Jesus Christus erfüllt. Das Buch Jesaja wird daher auch gern als fünftes Evangelium bezeichnet. Trotzdem würde man die Texte mit einer allzu eindeutigen Interpretation in ihrer Bedeutungsvielfalt und ihrer Sinnoffenheit beschneiden.

Auch auf das Gottesknechtslied kommen wir später zurück. Zuvor mag ein Exkurs in die moderne Physik in der Frage weiterhelfen, wie mit solchen Bedeutungsunschärfen umzugehen ist. Ein Gebiet nämlich, in dem es von Unschärfe und Überlagerungen von Bedeutungen nur so wimmelt, ist die Quantenphysik.

In der klassischen Physik war man es lange Zeit, nämlich seit den Anfängen der modernen Naturwissenschaften, gewohnt, physikalische Prozesse anhand von gesetzmäßigen Beziehungen zwischen Massen, Kräften und Bewegungen zu erklären: Körper mit einer bestimmten Masse oder einer elektrischen Ladung sind bestimmten Kräften ausgesetzt, die zu beobachtbaren Bewegungen der Körper führen. Die Bewegung einer Kugel auf einer schiefen Ebene lässt sich beispielsweise mit den Gesetzen der Newton'schen Mechanik exakt vorhersagen, ebenso wie Bahnen von geworfenen Bällen, abgeschossenen Raketen oder von um die Sonne kreisenden Planeten. Die physikalischen Zusammenhänge von Ursache (Kräfte) und Wirkungen (Bewegungen) sind in der klassischen Mechanik sehr anschaulich nachvollziehbar. Das ändert sich, wenn man in die Welt der atomaren und subatomaren Teilchen eintaucht.

In jeder Vorlesung zur Quantenphysik oder in Tutorials zur Quantentheorie wird mit der Erklärung des berühmten Doppelspaltexperiments ein Gefühl für den ganz anderen Charakter der Quantenwelt vermittelt. Beschießt man zwei nebeneinander befindliche schmale, parallele Spalte mit Teilchen, etwa Elektronen, und lokalisiert auf einem Schirm das Auftreffen der einzelnen Elektronen hinter dem Doppelspalt, macht man folgende Beobachtung: Das Auftreffen eines einzelnen Elektrons auf dem Schirm lässt sich ebenso lokalisieren wie das eines Fußballs an einer Hauswand, nachdem dieser durch eine Torwand mit einem Loch geschossen wurde. Ein erstaunlicher Effekt tritt jedoch ein, wenn man eine große Zahl von Elektronen durch den Doppelspalt schießt, denn dabei tritt ein wesentlicher Unterschied im Vergleich mit dem Fußballexperiment zutage: Würde man nämlich eine Vielzahl von Bällen in Farbe tauchen und durch zwei Löcher in der Torwand schießen, würde man hinter jedem Loch an der Hauswand eine Häufung von Farbflecken feststellen, die nach innen hin dichter und nach außen hin dünner wird. Im Fall der Elektronen jedoch ergibt sich auf dem Schirm ein Interferenzmuster, wie man es in der makroskopischen Welt von sich überkreuzenden Wasserwellen kennt. Es ist charakterisiert durch einen Wechsel von Bereichen mit hoher und geringer Häufigkeit von Auftreffpunkten, sodass insgesamt ein Streifenmuster zum Vorschein kommt. Misst man jedoch bei jedem Elektron nach, durch welchen Spalt es geflogen ist, verschwindet das Interferenzmuster und es bleibt eine Häufigkeitsverteilung, ähnlich wie sie sich in der makroskopischen Welt nach den Fußballschüssen an der Hauswand abzeichnen würde. Aus diesem merkwürdigen Verhalten subatomarer Teilchen lässt sich schließen, dass sie sowohl den Charakter eines Teilchens als auch den einer Welle haben müssen. Denn nur so lässt sich erklären, dass sich zwar das Auftreffen einzelner Teilchen lokalisieren lässt, dass diese Objekte aber zugleich (wie eine Welle) delokalisiert sind und sich so mit unterschiedlichen Intensitäten (Wellenbergen und Wellentälern) überlagern können.

Dass jedoch ein physikalisches Objekt Teilchen oder Welle zugleich sein soll, wäre im Rahmen der klassischen Physik als Widerspruch erschienen. Mit diesem Doppelaspekt zusammenhängend unterscheidet sich die Quantenwelt von der makroskopischen Welt durch den Umstand, dass man Teilchen nicht mehr eindeutig einen Ort und einen Impuls[3] zuordnen kann – so wie man beispielsweise von einer Kugel, die man eine schiefe Bahn herabrollen lässt, mithilfe der Newton'schen Gesetze für jeden Zeitpunkt genau einen Ort und eine Geschwindigkeit vorhersagen kann. Je genauer man den Ort eines Teilchens bestimmen will, umso weniger genau lässt sich der Impuls festlegen – die eine Information ist immer nur zum

3 Achtung, Theologinnen und Theologen: Mit „Impuls" ist hier nicht das Wort zum Sonntag o. Ä. gemeint – hier geht es physikalisch um das Produkt aus Geschwindigkeit und Masse.

Preis der anderen erhältlich. Dieser Sachverhalt wird durch die *Heisenberg'sche Unschärferelation* formuliert. Ort und Impuls sind in der Quantenmechanik *inkommensurable*, d. h. nicht gleichzeitig messbare Größen. Im nicht gemessenen Zustand kommt einem quantenmechanischen Objekt jeweils ein ganzes Spektrum an möglichen Orten und Impulsen zu. Das Verhalten quantenmechanischer Objekte wird mathematisch mit sogenannten Wellenfunktionen beschrieben, von denen sich die Wahrscheinlichkeit entnehmen lässt, mit der sie sich in einem bestimmten Bereich aufhalten. Ein Elektron, das durch den Doppelspalt geschossen wird, lässt sich damit als Überlagerung von zwei Zuständen verstehen, die jeweils dem Durchfliegen durch den rechten und den linken Spalt entsprechen. Misst man aber ihren Ort oder ihre Geschwindigkeit nach, zwingt man das Teilchen dazu, sich für einen Zustand zu entscheiden. Das ist der Moment, an dem beim Doppelspaltexperiment das Wellenmuster zusammenbricht. Die beobachtende Person übt damit einen entscheidenden Einfluss auf das beobachtete Objekt aus: Sobald man nachschaut, wo sich das Teilchen befindet, hat man schon in das System eingegriffen und es verändert.

Für diese ziemlich unanschaulichen Zusammenhänge haben Niels Bohr und Werner Heisenberg eine Deutung entwickelt, die sogenannte Kopenhagener Deutung. Dieser Beschreibung gemäß sind Wellen- und Teilchencharakter disjunkt, was sagen will, dass sie zunächst widersprüchlich scheinen und scheinbar nichts miteinander zu tun haben. Und dennoch sind beide Aspekte nötig, um der Gesamtheit der Wirklichkeit gerecht zu werden, die sie beschreiben. Beide Zustände gehören zur Wirklichkeit dazu, auch wenn sie sich auf den ersten Blick ausschließen. Um diese Zusammenhänge von der Doppelstruktur der Materie (Welle und Teilchen), von der Inkommensurabilität verschiedener Größen (Ort und Impuls) zu beschreiben, verwendete Bohr den Begriff der *Komplementarität.*

Komplementarität steht für unterschiedliche, widersprüchlich scheinende (disjunkte) Beschreibungsweisen, so auch hier für das Zusammenspiel von Wellen- und Teilchencharakter eines Teilchens. Niels Bohr, der regelrecht begeistert war von dem Gedanken der Komplementarität, war der Meinung, dass dieser Begriff auch außerhalb der Quantenmechanik zur Beschreibung ähnlicher vermeintlich widersprüchlicher Beziehungen hilfreich sein könne. Und so hat sich der Begriff der Komplementarität auch in anderen Bereichen etabliert: als Nebeneinander von verschiedenen Bildern, die zur Beschreibung der Wirklichkeit gehören wie Welle und Teilchen. Im Zusammenhang mit menschlichem Erkennen wird er dazu verwendet, dass beim Erkennen oftmals vermeintliche Gegensätze, die für die Beschreibung eines Gesamtpanoramas der Wirklichkeit nötig sind, in eine versöhnte Gegensätzlichkeit übergehen.

Die Theologie verwendet solche versöhnte Gegensatzpaare schon seit Beginn des Christentums, besonders dann, wenn sie versucht, über Gott bzw. über Jesus Christus zu sprechen. So beispielsweise mit der Aussage, dass Gott zugleich *transzendent* und *immanent* ist: Gott ist einerseits unbegreiflich und unnahbar, andererseits durchdringt Gott nach christlicher Überzeugung die ganze Welt mit seiner Gegenwart. Er ist uns nach einem Wort von Augustinus näher, als wir uns selbst sein können. Auch, dass Gott ein einziger Gott ist und sich dennoch als Vater, Sohn und Heiliger Geist, also als dreieiner Gott offenbart hat, kann man als Ausdruck eines komplementären Charakters der göttlichen Wirklichkeit sehen. Ähnliches gilt dafür, wie das Christentum stets damit gerungen hat, zu verstehen, wer Jesus Christus wirklich ist. So wurde im Konzil von Chalcedon festgehalten, dass Jesus Christus ganz und gar Gott und dennoch ganz und gar Mensch ist. Als Ersterer ist er unendlich und unsterblich, als Letzterer endlich und sterblich. Das Christentum hat anscheinend sehr früh die Perspektivität und Mehrdeutigkeit der Wirklichkeit erkannt und den christlichen Glauben gegen diejenigen verteidigt, die den Menschen „einfachere" Lösungen anbieten und die Wirklichkeit Gottes auf einen Aspekt reduzieren wollten – ähnlich wie beim vorhin beschriebenen Dingfestmachen der Elektronen zum Preis ihres Doppelcharakters als Welle *und* Teilchen. In diesem Ansinnen vertrat man etwa, dass Jesus Christus nur ein besonderer Mensch, aber deswegen noch lange nicht Gott sei. Solche Versuche, von einer oftmals unanschaulichen Wirklichkeit das Geschmeidigere und Verständlichere herauszugreifen, wurden in der Geschichte der Kirche immer wieder meist recht unsanft geahndet. Vom griechischen Wort für einen solchen Herausgriff, *hairesis*, kommt das Wort „Häresie".

Zurück zur Quantenphysik: Ähnlich wie die sich schwebend-überlagernden Bahnen der Elektronen durch den einen wie den anderen Spalt sind auch die Zustände instabiler, radioaktiver Atome, die innerhalb einer bestimmten Zeit in kleinere Atomkerne zerfallen, nicht für sich greifbar: Der nicht zerfallene und der zerfallene Zustand des Atoms sind ähnlich überlagert. Erst wenn man nachmisst, legt man das Atom auf einen Zustand fest. Erwin Schrödinger hatte die bekannte Idee, an den unbestimmten Zerfall eines solchen Atoms einen Mechanismus zu koppeln. Dieser soll in einer Black Box, d. h. einem Kasten, der der Beobachtung des Menschen unzugänglich ist, einen Giftstoff freisetzen, der eine in derselben Black Box eingesperrte Katze umbringen würde. Schrödingers Katze wäre somit, solange man nicht in die Black Box hineinblickt, in einer Überlagerung aus den Zuständen „Katze ist tot" und „Katze ist lebendig".

Bevor die entsetzten Tierschützer unter Ihnen sich jetzt über die Machenschaften eines Herrn Schrödinger bei den Tierschutzverbänden beschweren, sei versichert: Es handelt sich hierbei nur um ein Gedankenexperiment, und zudem hat dieses einen entscheidenden Haken: Im Grunde bedeutet der Mechanismus, der den Giftstoff freisetzt und Schrödingers Katze tötet, nichts anderes als eine Messung, die die Überlagerung beider Zustände des Atoms auf einen eindeutigen Zustand festlegt. Somit bliebe auch im Fall einer realen Umsetzung des Experiments die Katze davor bewahrt, in einem lebendig-toten Überlagerungszustand herumschweben zu müssen.

Die interessante Frage bleibt jedoch, wo genau in einem System wie Schrödingers Katze, wo genau also zwischen der Black-Box-Hülle und dem zerfallenden Atom der Übergang von der klassischen Alltagswelt in diese seltsame Quantenwelt stattfindet. Mit anderen Worten: Die Grenzen zwischen Messendem und zu Messendem sind fließend. Dass eine quantenmechanische Messung in das System eingreift, dass man es verändert, nur, wenn man es beobachtet, ist im Vergleich zur klassischen Physik eine neue Erkenntnis. In dieser war man es gewohnt, dass man ein System wie eine rollende Kugel beobachten kann, ohne sie damit zu beeinflussen. Und dass der Mond nicht etwa verschwindet, wenn keiner zu ihm hinschaut. Damit, dass physikalische Systeme unbeeindruckt davon sind, wie oder von wem sie beobachtet werden, verband man die Vorstellung einer unbestechlichen Objektivität der Physik und einer sauberen Trennung zwischen dem Beobachteten und der beobachtenden Person. Mit dieser Trennung von Subjektivität und Objektivität kann man in der Philosophie auf René Descartes zurückgreifen, der zwischen der zu erkennenden Materie und dem erkennenden Subjekt eine scharfe Grenze einführt: Er nennt die eine Seite *res cogitans* (erkennendes Subjekt) und die andere *res extensae* (außerhalb des erkennenden Subjekts liegende Dinge). Die Quantenmechanik löst diese scharfe Trennung auf. So tritt die beobachtende Person immer aus ihrer scheinbaren Verborgenheit heraus und wird zur handelnden, die unvermeidlich eine Wirkung auf ihre Umgebung ausübt. Als solche ist sie zutiefst in die sie umgebende Welt eingebunden, sie ist selbst Teil des Systems. Auch diese Erkenntnis wird mit dem Begriff der Komplementarität wiedergegeben.

Die Wirklichkeit lässt sich vollständig nur aus scheinbar gegensätzlichen Perspektiven beschreiben; die Trennung zwischen Subjekt und Objekt, zwischen Beobachter und Beobachtetem und damit eine reine Objektivität lässt sich nicht aufrechterhalten: Versteht man komplementäres Denken als das Zusammenspiel dieser Erkenntnisse, dann ist dieser Begriff für die Theologie enorm bereichernd. Nicht nur das – der dahinterstehende Gedanke kann sich sogar auf die biblische Überlieferung stützen. Besonders die biblischen Schöpfungstexte machen deutlich, dass deren Autoren die geschaffene Wirklichkeit als vielfältig, mehrdimensional und aus unterschiedlichen Perspektiven sahen. In der Art und Weise, wie die Bibel die Erschaffung der Welt und des Menschen beschreibt, scheint sie sich auf den ersten Blick in zahllose Widersprüche zu verwickeln.

So wird in manchen Texten die Erschaffung der Welt durch Gott wie die Arbeit eines Handwerkers verstanden, etwa, wenn Gott sich wie ein Schreiner die Obergemächer des Himmels zimmert. Ebenfalls anschaulich wird die Schöpfung in der Urgeschichte in Gen 1, wie wir später in Kapitel 8 noch ausführlicher sehen werden, als eine Folge von Gottes handwerklicher Aktivität dargestellt: Gott schied, Gott befestigte … Derselbe Text spricht allerdings auch davon, dass Gott die Welt bereits durch sein Wort ins Dasein ruft (z.B: „da sprach Gott: Es werde Licht! Und es wurde Licht.“), womit sich eigentlich die Vorstellung von einem Schöpfer im Handwerkeroverall erübrigt. Besonders trifft dies zu, wenn die Bibel für das Schaffen Gottes das hebräische Wort *bara* verwendet, das ausschließlich in Verbindung mit Gott verwendet wird. Damit wird ausgesagt, dass Gottes Schaffen sich jedem Vergleich mit menschlicher Tätigkeit entzieht. Eine solche komplementäre Perspektivenergänzung, die die biblischen Texte einzeln und in ihrem Zusammenwirken bereitstellen, unterstreicht, dass Schöpfung erstens kein gänzlich von der sichtbaren Wirklichkeit losgelöster Vorgang ist, sondern dass sie sich auf unsere reale, sichtbare Welt bezieht, und dass zweitens die Schöpfung immer etwas Größeres bleiben wird als das, was der Mensch mit seinem Verstand und seinen Denkmustern fassen kann. Zu den gegensätzlichen Perspektiven der biblischen Schöpfungstexte gehört auch, dass der Kosmos teils auf den Menschen hin geschaffen scheint, teils muss sich der Mensch mit einer relativ unbedeutenden Rolle im Gesamtpanorama der Schöpfung begnügen.

Niels Bohr sagte einmal sinngemäß: Das Gegenteil einer wahren Aussage ist eine andere wahre Aussage. Ganz in diesem Sinne stehen die biblischen Aussagen über Schöpfung mit ihren unterschiedlichen Perspektiven untereinander im Dialog, sie spiegeln ein Ringen über die angemessene Art und Weise wider, von Schöpfung zu sprechen – ohne einander in ihrer Unterschiedlichkeit die Richtigkeit abzusprechen. So kann der biblische Schöpfungstext Genesis 1, an dessen Ende die Erschaffung des Menschen steht, problemlos in die Paradieserzählung übergeleitet werden, nach der die Tierwelt um den Menschen herum aufgebaut wird. Andere Sichtweisen werden anerkannt, manchmal modifiziert und von neueren Texten überboten. Die Rede von Schöpfung ist damit ein Mosaik von vielen Vorstellungen und Aussagen, die die biblische Überlieferung allesamt als wahr und für den Menschen bedeutsam anerkennt und die erst in ihrer Summe der Vielfalt von Fragen gerecht werden, die sich über das Menschsein und über die Rolle des Menschen im Kosmos stellen.

Die Nachdrücklichkeit, mit der manchmal versucht wird, diese Uneindeutigkeit zugunsten eindeutiger Lesarten aufzulösen, übersieht, dass Bedeutungsoffenheit und Sinnfülle der Texte und Begriffe eine gewollte Eigenart biblischer

Überlieferung sein kann. Ein Exeget sagte mir einmal, er sei der Überzeugung, dass Gott sich gerade deswegen das Volk Israel ausgesucht habe, um sich anhand von dessen dynamischer und manchmal recht uneindeutiger Sprache in der Welt kundzutun. Die Sinnoffenheit und die Überlagerung von Bedeutungen macht die Bibelarbeit erst spannend und bietet nachhaltig ergiebigen Diskussions- und Gesprächsstoff – ähnlich wie die Frage, ob der Ball nun drin war oder nicht, eigentlich oft das Spannende und Unterhaltsame an einem Fußballabend sein kann. Die Mehrdeutigkeit von Begriffen und Uneindeutigkeit von Übersetzungen besitzt ebenso etwas Leichtes, Spielerisches und erinnert daran, dass Gott sich mit seinem Wort menschlichen Definitionen und Festlegungen entzieht. Auf der anderen Seite besteht immer genügend Raum und Sinnoffenheit für die lesende Person, ihre eigene Lebenswirklichkeit in den Verstehensvorgang einzubringen.

Dass diese Erkenntnis auch in der wissenschaftlichen Bibelarbeit ihren Niederschlag gefunden hat, ist auch der Entwicklung der Literaturwissenschaften zu verdanken, die sich in der zweiten Hälfte des zwanzigsten Jahrhunderts vollzogen hat. Mit der Rolle der Leserin und des Lesers beim Textverständnis beschäftigt sich dort die Richtung der sogenannten *Rezeptionsästhetik*: Leserinnen und Leser nehmen einen Text auf (Rezeption), nehmen ihn wahr (griechisch: *aisthesis*) und erkennen etwas von sich selbst und ihrer eigenen Lebenswelt darin. So liest ein Astronom einen Schöpfungstext anders als eine Musikerin. Die Art und Weise, wie die Texte lebendig werden, fällt bei jedem Menschen unterschiedlich aus, je nach eigener Lebensgeschichte und je nachdem, welche Erlebnisse und Erfahrungen die jeweilige Person prägen. Das Geschehen der Natur, das Schöpfungstexte beschreiben, vollzieht sich nie unabhängig von der menschlichen Beobachtung, sondern es umgibt und umspielt den Beobachter und bezieht ihn ständig ein. Der

Mensch ist immer eingebettet in dieses System, das sich von der steten Zuwendung Gottes abhängig weiß. Das Sprechen über Phänomene der Welt ist von daher zugleich immer im weiten Sinn ein Sprechen mit und über Gott, ein Bekenntnis in Form von Lob, Bitte und Klage. Die Bezüge zwischen Kosmologie und Glaube bleiben oft nur angedeutet und überlassen es den Leserinnen und Lesern, weitergedacht zu werden.

Zurück zum Gottesknechtslied und zu den Wesen *Behemot* und *Leviatan*: Die in der Zwischenzeit gewonnenen Erkenntnisse über komplementäres Denken haben uns vielleicht in der Frage weitergebracht, wer oder was genau damit beschrieben ist. Komplementäres Denken lässt zum einen eine Unbestimmtheit und Vielfalt von Bedeutungen gelten. Zum anderen hebt es die strikte Trennung von Untersuchungsgegenstand und Untersuchendem auf. Leserinnen und Leser können auch diese Texte als ein sie selbst umfassendes und umspielendes Geschehen neu verstehen.

Wer das Gottesknechtslied liest, kann es als Christ weiterhin in Jesus Christus erfüllt sehen als demjenigen, der ganz und gar für Gottes Plan und mit Haut und Haar für die Menschen in ihrer Unzulänglichkeit und Sündhaftigkeit einsteht. Man mag sich vorstellen, wie das Gottesknechtslied Jesus bei seinem Gang ans Kreuz begleitet hat. Gläubige Christinnen und Christen mögen sich daher in dem „Wir" wiederfinden, mit dem der Prophet aus der Perspektive des abtrünnigen, von ihm geretteten Volkes spricht. Andererseits stehen Christen wiederum selbst unter dem – meist hoffnungslos zu hoch scheinenden – Anspruch, in der Nachfolge des Gottesknechtes zu stehen. Als solche finden sich Leserinnen und Leser vielleicht auch selbst in den Erfahrungen des Gottesknechts wieder, wenn sie den Eindruck haben, nicht nur in Zeiten von Corona, sondern auch im übertragenen Sinn um sie herum in maskierte Gesichter zu blicken und teils auf verächtliche Ablehnung zu stoßen. Für solche Erfahrungen und Lebenswirklichkeiten bildet das Gottesknechtslied für jede Leserin und jeden Leser einen lebendigen Resonanzraum.

Ähnlich verhält es sich in den *Gottes-Reden* im Buch Ijob mit den Hinweisen Gottes auf *Behemot* und *Leviatan*. Auf Griechisch heißt Gott *theos* und Rede *logos*. *Gottes Rede* im Ijobbuch ist damit gerade *Theo-logie* im wahrsten Sinne des Wortes, da sie sich als ein lebendiger Resonanzraum für die Lebenswirklichkeit der Leserinnen und Leser erweist: Sie instruiert und doziert nicht von oben herab, sondern bezieht den Adressaten Ijob mit ein. Und wenn die Bibel als Ganze mit Geschichten wie über Ijob wiederum als Gottesrede, als Theo-logie uns als Leserinnen und Leser mit einbezieht, dann können auch wir in der Gestalt des Ijob unsere eigene, oft ungerecht scheinende Lebenswirklichkeit wiederfinden. In diesem Sinne ist die Rede Gottes an Ijob keine von oben herab gehaltene Theologievorlesung über Sinn und Zweck menschlichen Leidens. Stattdessen wird Ijob von Gott zu einem Streifzug durch die Schöpfung mit all ihren ambivalenten Facetten eingeladen, der es ihm – und damit auch uns – ermöglicht, selbst mitzuspielen und einen Platz in diesem Panorama einzunehmen. Dabei lernt Ijob neu zu vertrauen, dass alles Weltgeschehen, so schwer sein Sinn oft zu erkennen ist, in Gottes Hand liegt und von ihm zum Guten gelenkt wird.

Eine Gottesrede, Theo-logie, mit einer solchen Zielsetzung kann es sich auch erlauben, Vorstellungsräume von Lebewesen offenzulassen, die von zoologisch bestimmbaren Nilpferden und Krokodilen bis hin zu krokodil- und nilpferdartigen mythologischen Wesen reichen, wie sie im alten Ägypten geläufig waren. Als solche furchtlosen und respekteinflößenden Geschöpfe, die gegen jeden Angriff von außen immun sind, sind sie Ausdruck von Gottes unbändiger Schöpfermacht wie auch Vorbild für Ijob, sich in seiner prekären Situation nicht von seinen neunmalklugen Freunden unterkriegen zu lassen und allen Angriffen des Schicksals standzuhalten. Diese Widerstandskraft bringt das Ijobbuch sehr bildreich zum Ausdruck:

41,18 *Trifft man es mit dem Schwert, hält dieses nicht stand,*
nicht Speer, Pfeil oder Geschoss.
19 *Es hält Eisen für Stroh*
und Kupfer für faules Holz.
20 *Es vertreibt ihn nicht der Pfeil,*
Schleudersteine werden ihm zu Stoppeln.
21 *Als Stoppeln gilt ihm die Keule,*
und es lacht über das Rasseln des Sichelschwerts.

Es finden sich sogar Deutungen, die im feuerspeienden Leviatan eine Karikatur Ijobs selbst sehen, der sogar vor einer Herausforderung Gottes zum Rechtsstreit nicht zurückschreckt. Dieser restituiert Ijob schließlich und düpiert damit dessen Freunde. Je mehr wir uns als Leserinnen und Leser in die Figur des Ijob hineinversetzen, je mehr finden wir uns selbst von dem Schöpfungspanorama umgeben und umspielt und vielleicht von dem Blick auf diese beiden Zeitgenossen ermutigt, sich in schwierigen, konfliktgeladenen Zeiten von Angriffen und spitzen Bemerkungen nicht unterkriegen und diese nach dem Beispiel von Ijobs Krokodil wie Stoppeln an sich abprallen zu lassen. Man kann von ihm lernen, das Vertrauen in die eigene Wahrnehmung zu bewahren und ein ordentliches Maß an Standhaftigkeit, manchmal auch eine gesunde Portion Trotz, nicht zu verlieren.

3. Endlich unendlich: Menschliche Erkenntnis und göttliche Weisheit

Zu den komplementären Beschreibungsweisen der Wirklichkeit kann man auch folgende Erkenntnis zählen: Einerseits ist der Kosmos mit der menschlichen Vernunft erstaunlich gut zu durchdringen und zu verstehen, andererseits kommt dieses Verstehen immer wieder an seine Grenzen, und es scheint das Unverständliche des Kosmos zu überwiegen. Dank des enormen Fortschritts der Naturwissenschaften konnten immer mehr Geheimnisse des Universums entschlüsselt werden: Die Physik lässt uns 13,8 Milliarden Jahre bis zur Zeit kurz nach dem Urknall zurückschauen, mit immer besseren Hubble-Teleskopen können wir immer tiefer in den Kosmos hineinblicken und damit mehr über unser Woher verstehen. Die Physik hat es zu einem großen Teil geschafft, mit den Gesetzen der Mathematik die Struktur des Kosmos zu entschlüsseln. Auf eine Frage wird sie jedoch niemals eine Antwort geben können: Warum ist das Universum überhaupt für den Menschen verstehbar?

Man kann es für pure Anmaßung halten, wenn der Mensch meint, dass in seinem rund anderthalb Kilogramm schweren Erkenntnisapparat ein ganzes Universum Platz haben soll. Die Frage drängt sich auf, warum es so genau auf unser mathematisches Denken zugeschnitten sein und ausgerechnet mit einer geistigen Betätigung des Menschen zu tun haben soll, die völlig unabhängig von der Beobachtung der Natur möglich ist. So konnte auch der Astrophysiker Stephen Hawking, der einigen Aussagen nach nicht an einen Gott oder ein Leben nach dem Tod glaubte, die verwunderte Frage stellen: „Was haucht Feuer in die Gleichungen und lässt sie ein Universum beschreiben?"

Als Antwort darauf wird manchmal behauptet, dass die Verstehbarkeit des Kosmos gar nicht in dessen Wirklichkeit selbst begründet sei; stattdessen sei es der Mensch, der dem Kosmos seine Denkweise notwendigerweise überstülpt. Damit beruft man sich auf Immanuel Kant, nach dem der Mensch seine Umgebung immer nur innerhalb seiner Denkkategorien erfassen kann. Er unterscheidet zwischen den Dingen, wie sie erscheinen, und den Dingen *an sich*, d. h. wie sie wirklich sind. Mit seinen Denkkategorien kann der Mensch der Wirklichkeit, wie sie *an sich* ist, niemals auf den Grund kommen. Diejenigen Wissenschaftlerinnen und Wissenschaftler, die davon ausgehen, dass das Universum tatsächlich mit seiner mathematischen Beschreibung übereinstimmt – sofern sie sich überhaupt solche Fragen stellen –, verweisen oft auf die erfolgreiche Anwendung der physikalischen Gleichungen in der Technik. Wenn man durch Anwendung mathematischer Gesetze Sonden auf den Mars schicken kann, scheint jeder Zweifel an ihrem realen Bezug zu unserem Kosmos ausgeräumt. Und wer schwer erkrankt und dank modernster Medizintechnik noch einmal mit dem Leben davongekommen ist, würde kaum auf die Idee kommen, dass er *an sich* tot sein soll. Es scheint also naheliegender, davon auszugehen, dass der Kosmos wirklich mathematisch strukturiert ist; das Gegenteil zu behaupten, scheint viel eher in der Beweispflicht zu stehen.

Gläubige Wissenschaftlerinnen und Wissenschaftler beziehen sich mitunter auf Gott als Grund dafür, dass die menschliche Vernunft mit der Vernunft im Kosmos übereinstimmt: Gott als der Schöpfer des Universums hat in den Kosmos seine Vernunft hineingelegt. Für den Menschen gilt es, diese Vernunft, so sagte Papst Benedikt XVI. einmal, wie eine Handschrift in der Schöpfung zu entziffern. Der britische Mathematiker Sir James Jeans etwa kann sich die mathematische Struktur des Kosmos nur so erklären, dass Gott ein Mathematiker sein müsse. Der Mensch ist dasjenige Lebewesen, das dieser Grammatik des

Schöpfers auf die Spur gekommen ist und diese außergewöhnliche Fähigkeit selbst bestaunen und hinterfragen kann.

Mathematische Gleichungen und Modelle, die den Kosmos perfekt zu beschreiben scheinen, sprechen bei Naturwissenschaftlerinnen und Naturwissenschaftlern oftmals einen Sinn für Schönheit und Ästhetik an. Werner Heisenberg sieht Schönheit in diesem Zusammenhang gemäß einer antiken Definition als „richtige Übereinstimmung der Teile miteinander und mit dem Ganzen" oder als ein „Durchleuchten des ewigen Glanzes des ‚Einen' durch die materielle Erscheinung". Dieses Schönheitsmerkmal findet er in der Newton'schen Mechanik, der Relativitätstheorie und der Quantentheorie wieder: In ersterer erblickt er „das Ganze als einheitliches Formprinzip, dem sich alle Vorgänge fügen und das in einem einfachen System von Axiomen mathematisch festgelegt ist". Relativitätstheorie und Quantentheorie versteht er als Anordnung einer Fülle von Einzelheiten in einem einfachen Zusammenhang, der durch seine Geschlossenheit und Schönheit überzeugt. Steven Weinberg, ein Nobelpreisträger, der sich besonders um die theoretische Vereinigung der Grundkräfte verdient gemacht hat (mehr dazu später), nimmt in der Relativitätstheorie und im Standardmodell der Teilchenphysik ein Gefühl der Zwangsläufigkeit wahr: Wie bei Kunstwerken, bei denen man das Gefühl habe, kein Pinselstrich dürfe fehlen oder geändert werden, empfindet man bei manchen Gleichungen, die die Zusammenhänge des Kosmos beschreiben, das Gefühl von Vollkommenheit und Zwangsläufigkeit – so und nicht anders hat es zu sein. Bei der Entwicklung grundlegender physikalischer Theorien hat die Suche nach einer solchen Schönheit immer wieder eine wichtige Rolle gespielt: „Schöne" Theorien, die die experimentelle Beobachtung korrekt wiedergeben, werden gegenüber weniger schönen Theorien bevorzugt.

Dieses Empfinden von Schönheit jedoch teilen nicht alle Naturwissenschaftlerinnen und Naturwissenschaftler. Die Physikerin Sabine Hossenfelder etwa tritt derartiger Schöngeisterei in der Physik mit dem beredten Buchtitel *Der hässliche Kosmos* entgegen. Das Standardmodell der Teilchenphysik, das die Elementarteilchen des Universums und ihre Wechselwirkungen beschreibt, empfindet sie als „hässliches Flickwerk". Wenn man davon ausgeht, dass das Universum durch fünfundzwanzig Elementarbausteine aufgebaut sein soll, dann könne man sich durchaus schönere Zahlen vorstellen. Insgesamt komme man mit der Weiterentwicklung in der theoretischen Beschreibung vor allem deswegen nicht weiter, da man sich zu sehr von der Annahme leiten ließ, dass der Kosmos schön sein müsse. Zudem werden Physikerinnen und Physikern noch von manchen ungelösten Rätseln die Grenzen des (momentan) Verstehbaren vor Augen geführt: Dazu gehört die Frage nach der unsichtbaren „dunklen Materie", die den größten Teil der Materie im Universum ausmacht, uns jedoch im Unklaren lässt, was sich hinter ihr verbirgt. Schönheit und Verstehbarkeit auf der einen, Unverständlichkeit, gar Hässlichkeit auf der anderen Seite scheinen also zwei Seiten einer Medaille zu sein und sich je nach Perspektive mal mehr und mal weniger ausgeprägt zu zeigen. Sie scheinen zum komplementären Charakter der Wirklichkeit dazuzugehören.

Die Frage, was der Mensch überhaupt mit seinem Denken erkennen kann, geht weit vor das Zeitalter der modernen Naturwissenschaften zurück. Es ist sogar möglich, mit dieser Fragestellung das Gespräch mit den biblischen Texten zu suchen. Besonders die späteren Texte der Bibel aus der sogenannten Weisheitsliteratur benennen eine Verbindung zwischen menschlichem Verstehen, göttlichem Schöpfungsplan und den Eigenschaften des Kosmos. Diese Verbindung gibt dem Menschen zu verstehen, dass er sich nicht täuscht, wenn er seine eigene Vernunft im Kosmos wiederzuerkennen glaubt. Die Weisheitsliteratur nennt diese Verbindung *chokmah*, Weisheit, oder *binah*, d. h. Einsicht oder Unterscheidungsfähigkeit. Diese Weisheit wird in der Bibel mal eher als Person, mal eher als etwas Abstraktes beschrieben. Mal ist sie dem Menschen zugewandt, an anderen Stellen präsentiert sie sich als eine verborgene, dem Menschen unzugängliche Größe. Mit unterschiedlichen Aussagen über Zugewandtheit und Verborgenheit der Weisheit sind die biblischen Texte selbst untereinander im Gespräch und drücken somit unterschiedliche menschliche Lebenserfahrungen aus: vom Staunen über die eigene Fähigkeit, die Welt zu verstehen, bis hin zum verzweifelten Eingeständnis, dass das menschliche Begreifenwollen immer wieder gegen unüberwindliche Mauern anrennt.

Zu den biblischen Büchern, die dem Menschen einen offenen Zugang zur Weisheit versprechen, gehört das Buch der Sprichwörter. Hier trägt die Weisheit stark personale Züge und wendet sich dem Menschen sehr werbend zu. Sie empfiehlt sich dem Menschen als Lehrerin und geizt dabei nicht mit Eigenlob und Versprechungen: Sie verheißt wahres Glück (Spr 8,32–36); sie spricht Recht und Wahrheit (8,4–11), garantiert als Beraterin der Prinzen die gesellschaftliche Ordnung (12–21). Ihre eigentliche Visitenkarte händigt sie den Leserinnen und Lesern in einem Gedicht aus, das sich in Kapitel 8, Vers 22–31 findet. In diesem gibt sie sich als Zeugin der Schöpfung aus, als die sie exklusive Kenntnis über die Ordnung der Welt besitzt. Das Gedicht besitzt insgesamt 22 Verse. 22 ist die Zahl der Buchstaben des hebräischen Alphabets und steht damit für das All. Man achte auf die Stellung der fettgedruckten Begriffe: Das erste Wort in diesem Gedicht ist der Gottesname JHWH, an letzter Stelle steht der Begriff „Söhne des Menschen“ (*bəne-adam*). Die Weisheit stellt sich mit ihrer Selbstvorstellung „da war ich“ genau in die Mitte des Gedichts – sozusagen als der Kitt des

Universums, der sich zwischen Gott und den Menschen vermittelnd bewegt.

22 ***JHWH*** *hat mich erschaffen als Anfang seiner Wege,*
als erstes vor seinen Werken von einst.
23 *Von fernster Zeit her wurde ich eingesetzt,*
von Anfang an, von Anbeginn der Erde.
24 *Als es noch keine Urfluten gab, wurde ich geboren,*
als es noch keine Quellen gab, reich an Wasser.
25 *Ehe die Berge eingesenkt wurden,*
vor den Hügeln wurde ich geboren.
26 *Noch hatte er die Erde nicht gemacht und die Fluren,*
nicht die ersten Erdschollen.
27 *Als er den Himmel feststellte –* **ich** *war dabei,*
als er den Horizont einritzte auf der Fläche der Urflut,
28 *als er die Wolken oben befestigte*
und Quellen der Urflut bändigte,
29 *als er dem Meer seine Satzung gab,*
die Wasser seinen Befehl nicht übertreten durften,
als er die Fundamente der Erde festsetzte,
30 *da war ich bei ihm als seine Vertraute (Amon)*
und war seine Freude Tag für Tag,
freudig spielend vor ihm alle Zeit,
31 *freudig spielend auf seinem Erdenrund,*
und meine Freude ist es,
zu sein bei den Söhnen des **Menschen***.*

„Ich war dabei" – als die Mauer fiel, bei der ersten Mondlandung, als Jimi Hendrix in Woodstock auftrat. So erzählen gerne Großeltern ihren Enkeln aus ihrem Leben. Umso mehr verschafft sich die Weisheit bei den Lesern ihres Gedichts Eindruck, wenn sie sich als Zeugin der Erschaffung der Welt ausgeben kann – als Gottes *Amon* war sie präsent in der göttlichen

Schöpfungswerkstatt. Doch was bedeutet *Amon*? In diesem Begriff klingen – ganz im Sinne des komplementären Charakters biblischer Texte – verschiedene Aspekte mit, bei denen der Versuch einer eindeutigen Übersetzung immer mit einer Verkürzung der Bedeutungsvielfalt einhergeht. Die Vorstellungen von *Amon* reichen vom Hätschelkind über die Himmelsbraut bis zum Handwerker, der Gott quasi wie der Kundendienst eines schwedischen Möbelhauses beim Zusammenbauen der Welt behilflich ist. Damit wird jedes Mal ein ganz anderer Charakter der Beziehung zwischen Weisheit und Gott ausgedrückt; und damit auch zwischen der Weisheit und dem Menschen, dem sie sich freudig zuwendet.

Die altägyptische Literatur kennt einen ähnlichen Begriff – sie spricht von der *Maat*, die als Garantin für kosmische und gesetzliche Ordnung in die Schöpfung hineinverwoben ist und oftmals als Frau personifiziert wird. Solche Parallelen legen die Vorstellung von einer mit Gott Vertrauten nahe. Von dieser Vorstellung zeugt u. a. die Darstellung „Erschaffung des Adam" von Michelangelo in der Sixtinischen Kapelle in Rom: Hier ist dem Schöpfergott – deutlich aus der Engelsgloriole hervorgehoben – eine Frau beigesellt. Die frühen christlichen Autoren haben die Weisheit oft christlich gedeutet: mal mit dem ewigen Wort, das in Jesus Christus Mensch geworden ist, mal mit dem Heiligen Geist. Die Hagia Sophia („heilige Weisheit") in Istanbul ist ein Relikt ihrer frühen christlichen Verehrung.

Der Baumeister des Universums lässt sich von dieser Weisheit bei seiner Arbeit inspirieren wie von einem Modell, sodass sie im Kosmos wie ein verborgener Code zu entdecken ist. Wie ein Kind beim Versteckspiel wartet sie gespannt darauf, vom Menschen gefunden zu werden, denn ihre „Freude ist es, beim Menschen zu sein". Als Zeugin der Schöpfung und Modell des Schöpfers für seine Schöpfung wendet sie sich dem Menschen zu und inspiriert ihn zu einer interessierten Weltoffenheit und

Neugier gegenüber den Geheimnissen der Welt. Sie ermutigt zu einem Vertrauen in die eigene Intelligenz und in die Fähigkeit, den göttlichen Gedanken nachzuspüren, die Welt als geschaffen und so von jeder mythologischen Vergöttlichung enthoben zu sehen.

Mit dieser Ermutigung war es gerade der biblische Schöpfungsglaube, der den Beginn der Naturwissenschaften nicht, wie häufig behauptet, ausgebremst, sondern im Gegenteil inspiriert und beflügelt hat. Im Gegensatz zu Mythen, die hinter den Erscheinungen der Natur unterschiedliche Gottheiten vermuten, „entgöttern" sie die Welt. Sie machen dem Menschen die Natur als Gottes Schöpfung zugänglich und regen dazu an, sie experimentell und spielerisch zu verstehen. So trieb der Schöpfungsglaube große Naturwissenschaftler der Neuzeit wie Isaac Newton oder Robert Boyle dazu an, neben der Bibel das zweite auf Gott zurückgehende Buch, nämlich das Buch der Natur, zu studieren. Durch Beobachtung und Experimentierfreude wollten sie dem Geheimnis der Schöpfung und der darin verborgenen Weisheit Gottes auf die Spur kommen.

Man könnte damit den im Gedicht ausgedrückten Auftrag an den Menschen, die Weisheit in der Schöpfung zu entdecken, über zweitausend Jahre nach der Entstehung des Gedichts mit der Entstehung der modernen Naturwissenschaften als angenommen ansehen. Doch dass auch die Gelehrten zu biblischen Zeiten den Kosmos mit ihren Mitteln studierten, steht außer Frage. Oft waren die Autoren Angehörige der Jerusalemer Oberschicht, die über das Naturwissen der damaligen Zeit bestens informiert waren. In Jerusalemer Tempelkreisen schlug sich das Wissen anderer Kulturen nieder, mit denen Israel in seiner wechselvollen Geschichte in Berührung kam. Kenntnis der Natur bedeutete damals vor allem, die Dinge und Phänomene der Welt zu benennen und zu ordnen. Bei all den Beschwernissen und der Drangsal der Verschleppung durch die

Babylonier im sechsten vorchristlichen Jahrhundert verdankt Israel dem Exil einen Zugang zum babylonischen Wissen. So etwa den Kontakt mit frühen Formen von Astronomie, in der der Sonnenlauf und der Lauf der Gestirne auf umfangreichen Listen festgehalten und entsprechend vorhergesagt wurde. Von der Jerusalemer Oberschicht kann man daher annehmen, dass sie nach dem damaligen Wissensstand über die bekannten Tiere und Pflanzen sowie über geologische und meteorologische Phänomene in Kenntnis war. Manchen Bibelstellen wird eine Nähe zu solchen babylonischen oder ägyptischen Listen attestiert, die das geordnete Ganze der Schöpfung wiedergeben. Anhand dieser Listen wurde der Bestand des Kosmos und der Welt erfasst und gegliedert. Die Erstellung dieser Listen ging einher mit der Entwicklung der sumerischen, später der babylonischen Schrift. Diese bildete den ganzen bekannten Stand des damaligen Wissens ab, sodass das Lesen- und Schreibenlernen eine Art Einweihung in die Geheimnisse der Natur und des Kosmos war. Da diese Listen Tiere und Pflanzen systematisch gliedern, letztere oftmals im Hinblick auf ihre Heilkräfte bzw. Gifte und Gegengifte, wird in diesem Zusammenhang mitunter vorsichtig von einer altorientalischen Zoologie und Biologie gesprochen. Zudem hatte das Interesse der biblischen Texte an der Kenntnis unterschiedlicher Tierarten neben medizinischen Gründen oft einen kultischen Hintergrund: Angesichts der sehr detaillierten Unterscheidung reiner und unreiner Tiere im Buch Levitikus wird von einem Gläubigen zumindest eine gewisse zoologische Grundkenntnis vorausgesetzt. Astronomische Beobachtungen dienten zudem meist der Bestimmung der Feiertage oder Festzeiten. Insofern könnte man von Ansätzen einer frühen Form von „angewandter Wissenschaft“ sprechen: Es geht nicht primär um den untersuchten Gegenstand selbst, sondern seine Kenntnis dient einem bestimmten übergeordneten Zweck. Biblisch steht dieses Interesse für die Natur nicht zuletzt mit dem Schöpfungsauftrag an den Menschen im Zusammenhang, sich der Welt zu bemächtigen, was voraussetzt, dass sie von Gott zur Forschung an den Menschen freigegeben ist. In diesem Sinne kann der Mensch *(Adam)* in der Paradieserzählung im Buch Genesis als ein früher Wissenschaftler gelten, indem er die Tiere benennt und damit auch für einen menschlichen Wissensschatz erschließt.

Doch altorientalische und biblische Weisheit bleiben nicht dabei stehen, Beobachtungen aus der Natur wiederzugeben und mit Detailwissen zu glänzen. Vielmehr geben sie beispielhaft wieder, wie dieses Wissen in eine umfassende Lebensweisheit integriert werden kann. Sie geben vor, wie der Mensch mit seiner Vernunft seine Umgebung nicht nur vermisst, analysiert und beherrscht, sondern, wie das Wort „*Ver-nunft*" sagt, sie aufmerksam *ver-nimmt*, wahrnimmt und deutet. Bei König Salomo etwa verband sich das Wissen um Pflanzen- und Tierarten mit einer umfassenden Lebensweisheit, die er von Gott erwünscht und erhalten hat. Wenn man auch noch nicht von „wissenschaftlich" in unserem Sinn sprechen kann, kann man biblischen Verfassern und altorientalischen Gelehrten durchaus Weisheit im Sinne einer Rationalität zugestehen. Der lateinische Begriff *Ratio* bezeichnet ein bestimmtes Verhältnis von Dingen und Aspekten, beispielsweise die Proportionen, das Verhältnis von Länge und Breite bei einem Bild. Von einer rationalen Erkenntnis kann man sprechen, wenn in einer Sache eine *Ratio* erkannt, also das Verhältnis seiner Einzelaspekte, seine innere Struktur, seine Proportionen und damit sein inneres Wesen verstanden und gewahrt wird.

Zu diesem Verstehen gehört im altorientalischen Kontext die Unterscheidung von Göttlichem und dem von Gott Geschaffenem. So mussten etwa die Gestirne nicht mehr als Götter verehrt und gefürchtet werden. Durch die „Entgötterung" der Welt und der damit verbundenen Erkenntnis ihres eigentlichen

Wesens wird ein Raum für den Menschen als Platzhalter Gottes geschaffen; er kann daher interessiert und unbefangen an die Natur herangehen und ihre innere Ordnung erkennen. Dabei entdeckt der Mensch in der Schöpfung das Menschengemäße und überträgt seine Züge in die Natur. Als Maßeinheit dient die Elle oder Spanne; größere Entfernungen werden danach angegeben, wie lange der Mensch braucht, sie zurückzulegen; Flächen werden danach bemessen, wie lange der Mensch braucht, ein Feld dieser Größe zu bearbeiten. Ohne heutige technische Möglichkeiten empfand der Mensch die ihn umgebende Welt als größer, unwegsamer, weniger verfüg- und handhabbar. Jedoch findet er Orientierung, wenn er das Eigene in seiner Umwelt wiederfindet und das ihn Umgebende in sich selbst; kurz, wenn er in Beziehung mit seiner Umwelt steht.

Rationales Verhalten umfasst auch, als Mensch den angemessenen Platz in der erkannten Weltordnung einzunehmen. Dies bedeutet auch, dass die Dinge im lebenspraktischen Alltag richtig proportioniert, mit der ihnen zustehenden Bedeutung gewichtet werden und dass Unwichtiges vom Wichtigen unterschieden wird.

Oft wird in solchen Weisheitssprüchen an die Sterblichkeit des Menschen erinnert, die häufig das den Dingen wirklich zukommende Gewicht ans Licht bringt: Wer weiß, dass er nur noch drei Monate zu leben hat, den bringen Kleinigkeiten wie ein kaputtes Glas oder Nachbars Katze im Garten nicht mehr aus der Fassung. Irrationales Verhalten hingegen lässt sich dann feststellen, wenn Kleinigkeiten überbewertet werden und damit die Proportionen der Dinge und ihrer Wichtigkeit nicht gewahrt sind. Als Beispiel für kollektiv irrationales Verhalten in der Zeit der Corona-Pandemie sind vielen die Hamsterkäufe von Toilettenrollen in Erinnerung geblieben, in der erkennbar wurde, wie sehr der Einzelne im wahrsten Sinne des Wortes seinen Rollenanspruch im Verhältnis zur Gemeinschaft überproportional überschätzt. Weisheit im biblischen Sinne bedeutet demgegenüber, seine eigene Rolle ins rechte Maß zu seiner Umwelt zu rücken. Dies verlangt für den Menschen ein gesundes Maß an Demut und die Bereitschaft, der Schöpfung ihr Eigenleben zuzugestehen (mehr dazu später in Kapitel 11).

Natur ist für den gläubigen Israeliten immer existenzbezogen; das Weltbild wirkt auf den Glauben ein, und der Glaube prägt sein Weltbild. Dazu gehört, dass der Glaube dem Menschen die Ambivalenz der Natur verständlich macht und so hilft, mit der ihn umgebenden Welt zurechtzukommen. Diese Ambivalenz der Natur umfasst ihre Schattenseiten mit den Spannungen zwischen der schöpferischen Ordnung und der immer wieder erfahrenen Unordnung, mit Chaos, mit Nichtverstehbarem wie Leid und Tod klarzukommen.

Auch heute gehört nicht nur auf der Ebene von physikalischen Theorien zum Kosmos neben seiner schönen Seite auch die widerspenstige dazu, die sich gegen ästhetische und schöngeistige Ansprüche des Menschen stellt. Die Corona-Pandemie führt dem Menschen geradezu demütigend vor Augen, wie ein winziges Etwas aus der Natur ihn mit seinem Anspruch, seine Umwelt zu beherrschen, ganz aus der Bahn werfen kann. Und doch sind Viren aus der Evolution nicht wegzudenken. Ohne Viren und ohne Mutationsfähigkeit gäbe es kein Leben. Über das Prinzip von Mutation und Selektion haben sich unsagbar komplexe Gebilde entwickelt – bis hin zum komplexesten Gebilde des Universums, das wir kennen: dem menschlichen Gehirn. Im Verlauf dieses Prozesses stellten zufällige Mutationen in der DNA der Natur immer wieder verschiedene Varianten zur Auswahl, von denen sich die besser an ihre Umgebung angepassten durchsetzten. Über einen Zeitraum von Jahrmillionen hat sich damit in der DNA der Lebewesen eine gigantische Menge an Information angehäuft, die wie eine angesammelte lebensförderliche „Weisheit“ in uns schlummert. Die

Möglichkeit der Mutation von Genen besitzt jedoch zugleich die unangenehme Kehrseite, dass sie zur Bildung von Krebszellen führen kann. Schöpferische Vielfalt einerseits und Leid und Tod andererseits liegen nah beieinander, und so fällt es uns schwer, hinter all dem irgendeinen Sinn zu erkennen. Die Frage drängt sich für den Gläubigen auf, ob sich Gott nicht eine leidfreiere Art und Weise der Schöpfung hätte ausdenken können. Auf vielen anderen, ganz existenziellen Ebenen gehören zum Menschsein neben der Seite des Verstehens, des Schönen, des gelingenden Lebens und des rechten Handelns auch die Erfahrungen von Nichtverstehen, von Hässlichem und von Scheitern dazu. Die skeptische Frage, ob der Mensch überhaupt mit seiner Suche nach „schönen Theorien", nach Ordnungen der Welt, den Kosmos und die Bedingungen für ein gelingendes Leben letztlich verstehen kann, findet sich ebenfalls in der Heiligen Schrift. Anders gefragt: Ist die Weisheit wirklich für den Menschen auffindbar oder bleibt sie ihm doch verborgen?

Ein bekanntes Zeugnis für die Skepsis gegenüber einer Weisheit, die sich dem Menschen uneingeschränkt verfügbar macht, stellt das Buch Ijob dar. In den Erzählverlauf im 28. Kapitel fügt sich ein mysteriöses Gedicht ein, das sozusagen eine Antwort gibt auf das Ringen darum, Ijobs Situation mit den Möglichkeiten menschlicher Vernunft zu verstehen. Es ist eine im Alten Testament einmalige Beschreibung des Bergbaus und der menschlichen Fähigkeiten, Edelsteine, Edelmetalle und Bodenschätze ans Tageslicht zu befördern. Dass bereits in biblischer Zeit intensiv Bergbau betrieben wurde, bezeugen Funde im Timna-Tal, das im Wadi Arabah, einem 175 km langen Streifen in der Negevwüste im Süden Israels liegt. Hier bezeugen Relikte von frühen Werkstätten mit Schmelzöfen und Schlackenresten die Existenz von intensiver Kupferschmelzarbeit in der Antike. Indem der biblische Verfasser diese Tätigkeit aufgreift, beschreibt er für seine Zeit technologische und wissenschaftliche Spitzenleistungen, die man heutzutage mit bemannter Raumfahrt, der Entschlüsselung des menschlichen Genoms und des Aufbaus der Materie vergleichen könnte, wenn sich der Mensch an die ersten Sekundenbruchteile nach dem Urknall heranpirscht. Doch mitten in diese euphorische Stimmung hinein wirft das Gedicht wiederholt die skeptische Frage: „Die Weisheit aber, wo ist sie zu finden?"

28,1 Wohl gibt es einen Fundort für das Silber,
eine Stätte für das Gold, wo man es reinigt,
2 Eisen wird von der Erde genommen,
von Gestein wird Kupfer ausgegossen.
3 Eine Grenze setzt man der Dunkelheit und erforscht sie
bis ins äußerste Ende,
das dunkle und finstere Gestein.
4 Es gräbt Schächte ein fremdes Volk,
als die Vergessenen ohne Fußhalt hängen sie,
fern von Menschen baumeln sie.
5 Die Erde, aus der das Brot hervorgeht,
ihre Tiefen werden wie von Feuer umgewühlt.
6 Fundort des Saphirs ist ihr Gestein
und Goldstaub findet sich in ihr.
7 Ein Pfad, den der Raubvogel nicht kennt
und den das Auge des Falken nicht erspäht.
8 Das stolze Wild hat ihn nie betreten,
kein Löwe ist je über ihn geschritten.
9 an Kieselgestein legt man Hand an,
von Grund auf wühlt man Berge um.
10 In die Felsen treibt man Stollen
und allerlei Kostbarkeiten erblickt das Auge.
11 Sickerstellen der Wasseradern dämmt man ein,
Verborgenes bringt man ans Licht.

12 *Die Weisheit aber, wo ist sie zu finden?*
Und wo ist die Stätte der Einsicht?
13 *Kein Mensch kennt ihren Ort*
und im Land der Lebenden wird sie nicht gefunden.
14 *Die Urflut sagt: Bei mir ist sie nicht!*
Und das Meer sagt: Nicht bei mir!
15 *Geläutertes Gold kann für sie nicht gegeben,*
Silber kann nicht als Kaufpreis für sie gewogen werden.
16 *Gold von Ofir wiegt sie nicht auf,*
kein kostbarer Karneol und Saphir.
17 *Gold und Glas lassen sich nicht mit ihr vergleichen,*
gegen goldenes Gerät ist sie nicht einzutauschen,
18 *von Korallen und Kristallen nicht zu reden,*
ein Lederbeutel gefüllt mit Weisheit übertrifft einen mit Perlen.
19 *Sie ist nicht vergleichbar mit Topas aus Kusch,*
mit purem Gold wird sie nicht aufgewogen.
20 *Die Weisheit aber, woher kommt sie?*
Und wo ist denn der Fundort der Einsicht?
21 *Verborgen ist sie vor den Augen aller Lebenden*
und vor den Vögeln des Himmels versteckt.
22 *Der Abgrund und der Tod sagen:*
Nur vom Hörensagen haben wir von ihr gehört.
23 *Gott ist es, der Einsicht hat in ihren Weg,*
und er kennt ihren Ort.
24 *Denn er schaut bis zu den Enden der Erde.*
Unter dem ganzen Himmel blickt er aus,
25 *indem er dem Wind Stärke gibt*
und Wasser mit einem Maß bestimmt.
26 *Als er dem Regen eine Ordnung festsetzte*
und einen Weg des Wettersturms von Donnerschlägen,
27 *da hat er sie gesehen und gezählt,*
sie festgestellt und sie auch ausgeforscht.

28 *Und zu dem Menschen sprach er: Siehe, die Furcht des Herrn, sie ist Weisheit,*
und das Böse zu meiden, das ist Einsicht.

Indem der Mensch nach der Schilderung des biblischen Verfassers Schächte bohrt, unterirdische Flüsse eindämmt und allerhand Gefahren überwindet, dringt er zu den verborgensten Orten auf der Erde vor. Parallel zu diesem Vordringen sucht der Verfasser mit seinem schweifenden Blick über sämtliche kosmologische Sphären – Himmel, Erde, Meer und Unterwelt – nach der Weisheit. Es bleibt ihm festzustellen, dass die Weisheit schlicht unauffindbar ist. Plötzlich findet sich der Mensch auf derselben Stufe wie seine tierischen Mitgeschöpfe wieder, für welche die Weisheit unerreichbar bleibt. Er muss sich eingestehen, dass er sich Weisheit nicht selbst und aus eigener Kraft aneignen kann, sondern dass sie ihm nur von Gott gegeben werden kann. So wird ihm mit auf den Weg gegeben, Gott zu fürchten und das Böse zu meiden, um für das ihm zukommende, von Gott gegebene Maß von Weisheit offen und empfänglich zu bleiben.

Auch nach den bereits erwähnten Gottesreden, in denen Gott dem Ijob ein ganzes Naturpanorama vor Augen führt, bleibt diesem nur, sich sein eigenes Unvermögen einzugestehen, Gottes Schöpferplan auch nur annähernd zu verstehen. Die bereits erwähnten Wesen *Behemot* und *Leviatan* passen so gar nicht in menschliches Nützlichkeitskalkül hinein. Doch Gott gewährt diesen Mächten einen begrenzten Freiraum; anscheinend hat er sogar Freude an ihrer trotzigen Wildheit und Unbändigkeit – um den Menschen damit zu überraschen, dass die Schöpfung anders ist, als er es sich ausmalen will.

Außerdem bekannt für seine Skepsis gegenüber althergebrachter Weisheitstradition ist das Buch Kohelet. Wie das Ijobbuch stammt es aus einer Zeit großer geistiger Umbrüche, in der klassische, überlieferte Zusammenhänge von gerechtem Verhalten und Wohlergehen (der sogenannte *Tun-Ergehen-Zusammenhang*) nicht mehr greifen. Gesetzestreue ist auf einmal keine Garantie mehr dafür, dass Gott von einem Menschen Not und Elend abwehrt: Besonders eindrücklich kommt diese Skepsis im siebten Kapitel zum Ausdruck:

Dies alles habe ich gesehen in meinen Tagen voll Windhauch: Es gibt den Gesetzestreuen, der zugrunde geht in seiner Gesetzestreue, und es gibt den Bösen, der sein Leben verlängert in seiner Bosheit. Sei nicht übermäßig gesetzestreu und nicht übermäßig weise! Wozu solltest du dich selbst zugrunde richten? (Koh 7,15–16)

Diese unterschiedlichen Botschaften von der Weisheit Gottes und über den menschlichen Zugang zu ihr könnte man als glatten inneren Widerspruch der Bibel verstehen. Doch auch in dieser Hinsicht lässt die Bibel erahnen, dass die Wirklichkeit, die sie beschreiben will, facettenreich, perspektivisch, komplementär ist. Indem sie jeweils unterschiedliche Perspektiven einbringen, stehen sie selbst miteinander in der Diskussion und bilden so einen vielstimmigen Chor. Als solche werden sie dem Umstand gerecht, dass es für „die Wirklichkeit" nicht *die* Beschreibung und für existenzielle Fragen nicht einfach *die* Antwort gibt. Vielmehr findet der Mensch im Diskurs mit verschiedenen Standpunkten und Sichtweisen den Zugang zur Realität, im Versuch, konträre Perspektiven zu verstehen und sich so Stück für Stück dem Ganzen anzunähern. Und es bleibt ihm die Hoffnung, dass sich ihm irgendwann die Geheimnisse des Universums und die Rätsel seiner Lebenswirklichkeit in Gänze erschließen werden und er sich irgendwann Gott und seiner unendlichen Weisheit annähern kann. Diese Hoffnung wird ausgedrückt durch ein Pauluswort im ersten Korintherbrief, das gut zur Quantenphysik passt – und konsequenterweise einem meiner Quantenphysikprofessoren, wie ich später erfuhr, vor seinem Tod besonders wichtig war:

Jetzt schauen wir in einen Spiegel und sehen nur rätselhafte Umrisse, dann aber schauen wir von Angesicht zu Angesicht. Jetzt ist mein Erkennen Stückwerk, dann aber werde ich durch und durch erkennen, so wie ich auch durch und durch erkannt worden bin. (1 Kor 13,12, EÜ)

4. Gottes Spielregeln und Spielwürfel: Gesetze und Freiheiten

Wir sahen bisher: Weisheit mit all ihren Möglichkeiten und Grenzen sucht nach Ordnungen in der Welt und versucht, diese lebenspraktisch zu deuten. In der Erforschung des Kosmos und seiner Gesetzmäßigkeiten kann eine moderne Entsprechung zu diesem biblischen Appell gesehen werden – einschließlich dem Bewusstsein, dass menschliche Vernunft mit ihrer Suche nach einer Ordnung, die menschliche Schönheitsmaßstäbe erfüllt, an Grenzen stößt. Doch ein Kosmos gänzlich ohne irgendeine Art von ordnenden Naturgesetzen wäre für Naturwissenschaften unzugänglich, genauso wie eine menschliche Gesellschaft ohne juridische Gesetze oder ein Verkehrsnetz ohne Verkehrsregeln nicht lebensfähig wäre. In einem ähnlichen Zusammenhang stehen für biblische Autoren die Gesetze der Natur mit den ordnenden Gesetzen Gottes, die er den Menschen auferlegt.

Diesem Zusammenhang entspringt interessanterweise auch die Geschichte des modernen Begriffs „Naturgesetz". Sextus Empiricus, ein Arzt und Philosoph des zweiten Jahrhunderts, verwendete den Begriff „Naturgesetz" für ein universelles moralisches Gesetz. Im Unterschied zum Naturgesetz jedoch kann sich der Mensch frei zu einem moralischen Gesetz verhalten. Das moralische Gesetz, dass es nicht gut ist, zu stehlen, kann übertreten werden. In den Naturwissenschaften ist dies anders. Ein Stein, der in die Luft geworfen wird, kann sich nicht spontan dagegen entscheiden, sich nach den Newton'schen Gesetzen zu bewegen, und er wird nicht gefragt, ob ihm heute gerade nach Gesetzesgehorsam zumute ist. Zudem erheben die Naturgesetze den Anspruch, sich nicht nur auf einige Objekte zu beziehen, wie religiöse Gebote nur für bestimmte Religionsgruppen oder bestimmte Gesetze nur für Angehörige eines bestimmten

Staates gelten, sondern sie beanspruchen universelle Gültigkeit. Wissenschaftsphilosophen sprechen daher mitunter vom Notwendigkeits- und Universalitätscharakter der Naturgesetze.

In der allgemeinsten Form geben Naturgesetze Kausalursachen wieder, die in der Wirkung einer Kraft auf einen Körper bestehen. Unklar ist jedoch unter den Philosophen, woher diese Notwendigkeit kommt und in welche Art von Gesetzbuch diese ehernen und nicht zu übertretenden Regeln eingeschrieben sein sollen. Ist ein Naturgesetz vielleicht ein abstrakter Oberbegriff für einzelne reale Sachverhalte oder eine abstrakte Größe wie „Zahl"? Oder existiert ein Naturgesetz gar nicht in Wirklichkeit? Und wenn Naturgesetze womöglich gar nicht real existieren – woher soll die scheinbare Notwendigkeit kommen, die allen Körpern des Universums auferlegt sein soll? Womöglich, so vermuten manche, ist es nur der Mensch, der aus seinen bisher gemachten Erfahrungen von Verhaltensweisen der Natur auf alle zukünftigen Ereignisse schließt.

Dieses Schlussverfahren bezeichnet man als Induktion. Bekanntester Kritiker dieses Induktionsschlusses ist Karl Popper, der in dieser Kritik David Hume folgt. Hume meint, es sei allein unsere Gewohnheit, die uns erwarten ließe, dass in der Zukunft dieselben Gesetzmäßigkeiten gelten wie die in der Vergangenheit beobachteten. Ob ein Glas, das heute auf den Boden fällt, sich morgen genauso verhält, ist also streng genommen ungewiss. Karl Popper folgert aus seiner Kritik an der Induktion, dass man im Grunde eine Theorie wie ein Naturgesetz nie beweisen, sondern nur widerlegen kann. Zum Beweis reicht eine Vielzahl von bestätigenden Beobachtungen nicht aus. Doch nur ein Gegenbeispiel genügt, um es zu widerlegen, dass ein Naturgesetz an der Erfahrung scheitern kann.

Bei allen Fragen über die Eigenart und die echte Existenz von Naturgesetzen ist anzuerkennen: Naturgesetze erlauben es dem Menschen, eine Vielzahl von Erscheinungen auf nur wenige

Prinzipien zurückzuführen. Mit einem handlichen Werkzeugkasten von Gleichungen und Formeln kann er eine Vielfalt der Erscheinungen auf einen überschaubaren Nenner bringen und auf eine geringe Anzahl von Argumenten zurückführen. Isaac Newton beschreibt in seinen *Mathematischen Prinzipien der Naturlehre* von 1687 den Traum, dass alle Erscheinungen der Natur aus wenigen Prinzipien abgeleitet und vorhergesagt werden können. *Der Traum von der Einheit des Universums*, so ein Buchtitel des Physikers Steven Weinberg, besteht in dem Gedanken, dass sich alle Kräfte auf eine Ur-Kraft zurückführen lassen. Das Streben nach Einheitlichkeit und Einfachheit hängt zusammen mit dem Prinzip der größtmöglichen Sparsamkeit: Sind für die Erklärung eines Phänomens verschiedene Theorien im Umlauf, so wird daher derjenigen der Vorzug gegeben, die mit möglichst wenig Unbekannten auskommt. Man spricht dabei vom Ockham'schen Rasiermesser. Dem Versuch, Komplexität zu reduzieren und ein Vielerlei auf einen einheitlichen, vereinfachten Nenner zu bringen, kann auch die Systematisierung der Natur durch Carl von Linné zugerechnet werden. In dieser klassifiziert er Tiere, Pflanzen und Mineralien mit den Begriffen Klasse, Ordnung, Gattung, Art und Varietät.

Wenn der Begriff des Naturgesetzes seinen Ursprung in einer auf Gott zurückgehenden Gesetzlichkeit und Ordnung hat, dann steht diese Vorstellung auch mit biblischen Schöpfungstexten in engem Zusammenhang. In diesen ist oftmals von einer Ordnung und Gesetzlichkeit im Kosmos die Rede. Sie sind durchzogen von der Vorstellung eines göttlichen Gesetzgebers und unverrückbarer göttlicher Setzungen. Zum einen werden Regelmäßigkeiten in der Natur wie die Bahn der Gestirne als Ausdruck davon gesehen, dass sie unter einem unabänderlichen Gesetz stehen. Die Gesetzestreue der Gestirne gilt dem Menschen nach der traditionellen Weisheitsüberlieferung als anschauliches Beispiel für seine Lebensgestaltung: Wie die Sonne die ihr vorgegebene Bahn einhält, so verwirklicht der Mensch sein Daseinsziel, indem er sich in allen seinen Lebensvollzügen der in der Tora gegebenen Ordnung unterstellt. Das Gesetz ermöglicht dem Menschen damit ein gelingendes Leben.

Ein Text, in dem Gott als Gesetzgeber und Stifter von Ordnung hervorgehoben wird, findet sich wiederum im Buch Ijob in den Gottesreden. Zur Erinnerung: Ijob hatte Gott zuvor vorgeworfen, die Erde in Frevlerhand gegeben zu haben, chaotischen und destruktiven Mächten. Gott lässt, so der Vorwurf Ijobs, die Welt dem Chaos und damit einem Zustand anheimfallen, der im eklatanten Widerspruch zu dem steht, was Schöpfung eigentlich ist, nämlich eine lebensförderliche Ordnung. Diesen Vorwurf lässt Gott nicht auf sich sitzen. So führt er Ijob in den bereits erwähnten Gottesreden mit rhetorischen Fragen vor Augen, dass jeder, der sich mit dem Schöpfer anlegen, dem Urheber aller Gesetze Gesetzlosigkeit und Fehlverhalten unterstellen will, den Kürzeren zieht. Dies wird besonders in den ersten Versen der Gottesrede deutlich:

38,1 *Da antwortete JHWH dem Ijob aus dem Wettersturm und sprach:*
2 *Wer ist der, der den Ratschluss verdunkelt*
mit Gerede ohne Wissen?
3 *Gürte doch wie ein Mann deine Lenden;*
ich will dich fragen, belehre mich!
4 *Wo warst du, als ich die Erde gründete?*
Gebe kund, wenn du Einsicht kennst!
5 *Wer legte ihre Maße fest, wenn du es weißt?*
Oder wer hat über ihr die Messschnur ausgespannt?
6 *Worauf sind ihre Sockel eingesenkt?*
Oder wer hat ihren Eckstein eingesetzt,
7 *als alle Morgensterne gemeinsam jubelten*
und alle Söhne Gottes jauchzten?

8 *Wer ist es, der das Meer mit Toren einschloss, als es hervorbrach*
und aus dem Mutterschoß heraussprudelte,
9 *als ich ihm Wolken als Gewand anlegte*
und Wolkendunkel als Windeln?
10 *Als ich ihm meine Grenze herausbrach*
und Riegel und Tore setzte
11 *und sprach: Bis hier sollst du kommen und nicht weiter!*
Hier muss sich legen die Erhabenheit deiner Wellen!
12 *Hast du einmal in deinem Leben den Morgen befehligt?*
Hast du je dem Morgenrot seinen Ort mitgeteilt?

Bemerkenswert hierbei ist, wie kosmologische Setzungen, Festlegungen und Grenzziehungen mit einer unangreifbaren göttlichen Autorität in Verbindung gebracht werden. Das personifizierte Meer, das sich der göttlichen Gesetzgebung beugt, stellt dem Menschen eindrücklich vor Augen, dass auch er sich den ihm auferlegten Grenzen und Geboten zu fügen hat. Bei diesen Bildern kommt den biblischen Verfassern wiederum der komplementäre, vieldeutige Charakter der hebräischen Sprache zugute. In manchen Begriffen nämlich klingen sowohl kosmologische als auch rechtliche Bedeutungen an. So etwa mit dem Verb *ḥaqaq*, das beispielsweise in Psalm 148 einerseits das Einritzen des Horizontkreises bezeichnet, wie man sich dessen Entstehung im Alten Orient vorstellte. Genauso bezeichnet es jedoch auch das Festsetzen bzw. In-Stein-Meißeln von rechtlichen Ordnungen. An den Menschen richtet sich gemäß diesen Texten, die Rechtsetzung mit Kosmologie verknüpfen, der Anspruch, sich mit rechtem Verhalten in die kosmische Ordnung einzufügen und seinen Beitrag zur dauerhaften kosmischen Stabilität zu leisten. In der Stabilität des Kosmos und der Naturgesetze entdeckt der Mensch ein Zeichen der Verlässlichkeit eines Gottes, der Gegenstände nicht heute zu Boden und morgen in Richtung Himmel fliegen lässt.

Dennoch: Wäre die Perspektive auf Gott als ein kosmischer Gesetzgeber die einzig mögliche, würde man sich von einem biblisch vermittelten Gottesbild zu Recht beengt und gegängelt fühlen. Auch in dieser Hinsicht greift das Prinzip der Komplementarität. Ebenso wichtig ist die biblische Perspektive auf einen Gott, der sich als Freund der Freiheit, der Überraschungen und der Durchbrechung von Regelmäßigkeiten erweist. Ohne diese Komponente von Freiheit würde ein allein auf Regeln und Gesetzen pochender Gott uns wie ein Polizist vorkommen. Umgekehrt würden uns Zeitgenossen, die eine schrankenlose Freiheit für ihr Tun und Lassen beanspruchen, notgedrungen als Bedrohung erscheinen. In einem Rahmen von Verbindlichkeit und Verlässlichkeit hingegen hebt sich Freiheit von Willkür und Unberechenbarkeit ab.

Diese Komplementarität von Gesetz und Freiheit, von Notwendigkeit und Zufall begegnet uns in vielen anderen Bereichen. Kein Spiel wäre interessant, wenn es nur aus starren Regeln bestehen würde. Neben Spielregeln macht auch das Zufällige und Unvorhersehbare seinen Reiz aus. Auch in den Naturwissenschaften durchdringen und ergänzen sich die Prinzipien von Zufall und Notwendigkeit. Diese Erkenntnis begleitete die Naturwissenschaften jedoch nicht von Anfang an. Lange Zeit war man der Meinung, dass für solch Unvorhergesehenes und Zufälliges in der von Gesetzmäßigkeiten bestimmten Physik kein Platz mehr wäre. Im 19. Jahrhundert hatte man noch die Vorstellung, dass durch die Gesetze der Mechanik sämtliche Abläufe des ganzen Universums prinzipiell vorhersehbar wären. Man stellte sich den Kosmos wie ein Uhrwerk vor, das, einmal angestoßen, unerbittlich seinen von der Mechanik vorherbestimmten Gang geht. Veranschaulicht wird diese Vorstellung durch den Laplace'schen Dämon, der jeden vergangenen und zukünftigen Zustand aller Teilchen im Universum kennt. Die Physik des zwanzigsten Jahrhunderts hat hingegen diesen Laplace'schen Dämon entmachtet. Grund dafür ist die Einsicht in den Naturwissenschaften, dass manche Abläufe nicht berechenbar und vorhersehbar sind. Die Quantenmechanik hat, wie bereits erwähnt, erkannt, dass aufgrund der Heisenberg'schen Unschärferelation komplementäre Eigenschaften eines Teilchens wie Ort und Impuls prinzipiell nicht gleichzeitig beliebig genau bestimmbar sind. Auch auf der makroskopischen Ebene, so zeigen die Erkenntnisse der Chaostheorie, kommt der Laplace'sche Dämon an seine Grenzen: Theoretisch könnte man die Ergebnisse eines Würfelwurfes vorausberechnen, wenn man die Rahmenbedingungen genau kennen würde; in der Realität jedoch reagieren solche Systeme auf geringste Änderungen mit großer Instabilität, sodass die Anfangsbedingungen zur Vorhersage des Verhaltens niemals hinreichend genau bestimmbar sind.

Wie kann es aber sein, dass zufällige Ereignisse im Rahmen der Gesetze der Newton'schen Mechanik überhaupt möglich sind? Kann mit ihr nicht die Dynamik von Körpern unter dem Einfluss bestimmter Kräfte eindeutig beschrieben werden? Hierzu ein Blick auf verschiedene Arten von zufälligen, unvorhersehbaren Ereignissen:

Erstens: Es kann passieren, dass unabhängige Kausalreihen sich kreuzen: Ein Ziegelstein lockert sich, und gleichzeitig geht eine Person vorbei, der er auf den Kopf fällt. Ein unglücklicher Zufall eben, den so niemand vorhersehen konnte.

Zweitens: Ein Vorgang ist zwar mit den Gesetzen der Physik theoretisch vorhersagbar, es fehlt jedoch die genaue Kenntnis der Anfangsparameter, wie etwa beim Wurf eines Würfels. Hier spricht man von *epistemologischer* Unvorhersehbarkeit (Epistemologie ist die Lehre vom Erkenntnisvorgang).

Drittens: Schließlich gibt es Ereignisse, die deswegen zufällig sind, weil sie prinzipiell ursachenlos oder nicht vorhersehbar sind. Auch wenn man die Anfangsparameter noch so genau kennt, lässt sich das weitere Verhalten nicht als Folge von Kausalzusammenhängen beschreiben. Solche Prozesse spielen sich, wie wir gesehen haben, im Rahmen der Quantenmechanik bei Messvorgängen ab: Ob ein Elektron beim Nachmessen durch den linken Spalt und nicht durch den rechten Spalt fliegt, zu welchem genauen Zeitpunkt ein radioaktives Atom zerfällt, ist niemals genau vorhersagbar. Zu messende Ergebnisse sind im Vorfeld immer nur im Rahmen einer vorgegebenen Wahrscheinlichkeitsverteilung prognostizierbar. Ebenso wenig lassen sich genetische Mutationen, die für die Evolutionstheorie maßgeblich sind, exakt vorhersagen.

Man muss nicht unbedingt in die Quantenwelt eintauchen, um festzustellen, dass es auch im Alltag zufällige und nicht vorhersagbare Prozesse gibt. Man muss zudem nicht versuchen, alle makroskopischen Unvorhersehbarkeiten an die Unbestimmtheit der Quantenwelt ankoppeln zu wollen. Auch auf makroskopischer Ebene lassen sich aufgrund der genannten *epistemologischen* Unvorhersehbarkeit die wenigsten Prozesse tatsächlich exakt bestimmen. Eine Kollision mehrerer Billardkugeln oder ein Würfelwurf etwa reagieren auf geringste Änderungen der Anfangsparameter mit großer Instabilität. Zudem lassen sich die wenigsten Prozesse so von ihrer Umgebung isolieren, dass ihre Dynamik nicht durch Einflüsse von außen gestört wird. Der berühmte Schmetterlingsschlag in China, der in Europa einen Wirbelsturm auslösen kann, ist ein sprechendes Bild für die faktische Nichtisolierbarkeit physikalischer Systeme, die vielmehr auf verschiedenste Weise miteinander vernetzt sind. Mit der Entwicklung solcher in ihrem Verhalten nicht vorhersehbaren Systeme beschäftigt sich die Chaostheorie: Sie entwickeln sich nicht, wie man vom Namen Chaostheorie her meinen könnte, völlig chaotisch, sondern es gibt Gesetzmäßigkeiten, die das System einschränken. Es gibt damit nur eine bestimmte Auswahl von möglichen Verhaltensweisen. Diese sind durch eine baumartige (fraktale) Struktur mit einer Vielzahl von Verzweigungen charakterisiert. Wie chaotisches Verhalten durch Regelmäßigkeit eingeschränkt wird, zeigt das sogenannte *Feigenbaumdiagramm*. Dieses gibt eine Übersicht über sogenannte logistische Rekursionen, die besonders für das Verständnis biologischer Wachstumsprozesse wichtig sind. Durch die Regelmäßigkeiten und Gesetzmäßigkeiten dieser Diagramme sind Offenheit und Zufälligkeit scheinbar chaotischer Systeme zu einem gewissen Grad in regelmäßige Bahnen gelenkt.

Wir dürfen also, so könnte man meinen, ganz schön erleichtert sein, dass zum einen auf die Naturgesetze Verlass ist und nicht etwa morgen alle Gegenstände in den Himmel fallen und elektrische Geräte aufgrund einer sich ändernden Elektrodynamik womöglich den Geist aufgeben. Zum anderen bleibt innerhalb dieser Gesetze noch genügend Spielraum, sodass die Schlagzeilen in der Zeitung von morgen und die Bundesligatabelle von nächster Woche nicht im Grunde schon feststehen, weil sie eigentlich vorauszuberechnen wären. Völliges Chaos wäre ein genauso unangenehmes Lebensumfeld wie ein Rädchen in einem starr ablaufenden Uhrwerk zu sein, in dem uns jede Freiheit genommen wäre. Jedoch hätten wir gar keinen Grund zur Sorge über das eine wie über das andere Szenario, denn in beiden Fällen wären wir überhaupt nicht da. Ohne das Zusammenspiel von Zufall und Notwendigkeit hätte sich das uns bekannte Leben niemals entwickelt. Nur durch das Zusammenwirken beider Aspekte ergibt sich die Möglichkeit einer evolutiven Selbstorganisation der Materie und die Entwicklung komplexer Systeme. Hierauf werden wir später noch genauer zu sprechen kommen.

Lassen wir an dieser Stelle die Bibel zu Wort kommen – wo hat sie neben unverrückbaren göttlichen Gesetzen auch etwas zum Thema Zufall und Freiheit zu sagen? Freiheit in der Bibel setzt zunächst bei Gott selbst an. Laut biblischen Schöpfungstexten ist es Gott selbst, der Gesetze erlässt und etwa dem Wasser gebietet, seine Grenze nicht zu überschreiten. Wenn Gott damit kosmische Gesetzmäßigkeiten vorgibt und so seine Willenssetzungen genauso kundtut, wie wenn er dem Menschen seine Gebote nennt, dann handelt er absolut frei. Gott spricht frei und ungezwungen sein „Es werde" – und es wird. Doch schon bald gesteht der Schöpfer seiner Schöpfung Freiheit, Eigenständigkeit und eine eigene Gesetzlichkeit zu. Die Freiheit Gottes zeichnet sich also dadurch aus, dass sie sich zurücknehmen, sich selbst einschränken und dem Gegenüber Räume der Freiheit eröffnen kann.

Im Schöpfungsvorgang besteht für den Kosmos genügend Freiraum, sich auf der Basis seiner eigenen Gesetzlichkeit und Potenzialität entwickeln zu dürfen. Dies kommt vor allem darin zum Ausdruck, wenn Gott dem Wasser gebietet, von lebendigen Wesen zu wimmeln, oder der Erde, Pflanzen und Tiere hervorzubringen. Gott kooperiert mit seiner Schöpfung und lässt seine eigene schöpferische Absicht mit ihrer Eigengesetzlichkeit und ihrer Freiheit verschmelzen. Die Selbstorganisation der Materie hin zu komplexen Systemen in der Entstehung des immer wieder Neuen und Unvorhergesehenen steht so im Licht einer von Gott mit unbändiger Freiheit begabten Schöpfung. Dasselbe tut er, wenn er sich zum Partner des Menschen macht, sich an ihn bindet und einen Weg mit ihm geht, unabhängig davon, ob der Mensch die göttliche Treue zu ihm erwidert oder nicht. Was in der Schöpfung bereits angelegt ist, setzt sich also in der gesamten Geschichte Gottes mit den Menschen fort. Der Mensch ist begabt mit Vernunft und freiem Willen, den Gott respektiert und in seine weiterführenden Pläne einbezieht.

Diese Freiheit ermöglicht es dem Menschen, in Beziehung mit Gott und in Dialog mit ihm zu treten, sein Gebot und seine Satzungen als Lebensaufgabe anzunehmen oder auch abzulehnen, nach seinem Woher und seinem Wohin zu fragen. Er ist in der Lage, Gottes Wirken in der Welt wahrzunehmen und für sein eigenes Denken und Handeln Verantwortung zu übernehmen.

Im Wechselspiel mit einem frei agierenden Menschen steht die Freiheit Gottes, die es ihm erlaubt, seine eigenen Entschlüsse und Satzungen zu revidieren. Von solchen Fällen gibt es in der Bibel etliche Beispiele. Nach der Paradieserzählung droht Gott dem Menschen im Falle einer Übertretung seines Gebots, nicht vom Baum der Erkenntnis zu essen, die Todesstrafe an. Anstatt seine Drohung wahr zu machen, sanktioniert er das Vergehen schließlich „nur" mit der Vertreibung aus dem Garten Eden. Oder nachdem sich die Stadt Ninive auf die Unheilsandrohung durch den Propheten Jona bekehrt hat, reut Gott das Unheil, das er angedroht hat. Eine göttliche Inkonsequenz, die Jona ganz schön zum Schmollen bringt. Ein weiteres Beispiel von der göttlichen Fähigkeit, auf das Verhalten des Menschen einzugehen und von seinen Plänen abzurücken, liefert Hosea. Nachdem das Volk Israel den Bund mit seinem Gott gebrochen hat, trägt dieser dem Propheten auf, wie er seinen Sohn nennen soll, nämlich „*Lo-Ammi*", was heißt: „nicht mein Volk". Damit ist das Urteil über das untreue Ex-Gottesvolk ausgesprochen. Später sagt er dagegen, dass sich sein eignes Herz gegen ihn wendet. Gott wirft also seine eigene Setzung, seine Gerechtigkeit komplett über den Haufen und zeigt in seiner vergebenden Barmherzigkeit, dass er der ganz andere ist und sich jedem Versuch entzieht, ihn in eine Schublade zu stecken.

Freiheit, die in eine Ordnung gefügt und dennoch nicht versklavt ist, sondern sich leicht und spielerisch in diesem Zueinander von Regelmäßigkeit und Unregelmäßigkeit bewegt, erinnert an einen Tanz, in dem im Rahmen fest vereinbarter

Rhythmen und Schrittfolgen unzählige Figuren und Variationen möglich sind. Oder, um in der Musik zu bleiben: Es erinnert an die großen Werke wie die Fugen von Johann Sebastian Bach, deren Schönheit gerade im Zusammenspiel von festen Regeln und der Unberechenbarkeit von Tonfolgen und Harmonien besteht, die sich in diesem vorgegeben Rahmen bewegen.

Das Zusammentreffen von Regeln und Freiheit ist darüber hinaus in der Literatur wie in der Welt der Spiele bekannt. Ein Spiel ist nur dann reizvoll, wenn es neben zufälligen Elementen feste Spielregeln beinhaltet. „Ein Weiser schätzt kein Spiel, wo nur der Zufall regiert", sagte einmal Gotthold Ephraim Lessing. Die Schöpfung ist so gesehen ein Spiel zwischen Gott und seinen Geschöpfen, geprägt vom Zusammenspiel von Geboten und Freiheit; von Unberechenbarkeit und Folgerichtigkeit; von festgelegten Abläufen und Zufällen, die uns von „Glück" oder „Pech im Spiel" sprechen und die einen Spielverlauf unwiederholbar und daher niemals langweilig werden lassen. Und jeder weiß, dass ein „Gegen-sich-selber-Spielen" niemals denselben Reiz hat wie in Gemeinschaft zu spielen, mit der Unberechenbarkeit und Freiheit eines Gegenübers, mit seiner Spontaneität, seiner Kreativität und seinem Ideenreichtum. Auf der Seite des Schöpfers spielen seine Verlässlichkeit mit der Flexibilität zusammen, auf Unvorhergesehenes zu reagieren. Dass der Schöpfung in diesem Sinne etwas Spielerisches eingeschrieben ist, kann man an dem bereits erwähnten Schöpfungstext im Buch der Sprichwörter sehen, in dem sich die Weisheit als Zeugin der Weltschöpfung ausgibt. Als seine Vertraute war sie seine Freude und spielte bei ihm allezeit. Und nichts scheint sich diese verspielte Weisheit sehnlicher zu wünschen, als dass der Mensch ihr Spiel mitspielt und ihr in der Schöpfung und in seinem Leben auf den Grund geht. Wenn es nach Schöpfungspsalm Ps 104 geht, hat sich Gott im für den Menschen bedrohlichen Seeungeheuer einen Spielgefährten zugelegt.

Schließlich stellen die Schöpfungstexte die Antwort der Schöpfung auf Ihre Existenz immer wieder als ein gemeinsames Spielen und Singen dar. Stellt man sich diese als eine Art gigantische kosmische Jam-Session dar, so verbindet sich religiöser, kultischer Vollzug mit der Freude an der Musik. Spielerisch werfen sich Musikerinnen und Musiker Motive zu und greifen diese beantwortend auf und geben spontane Soli zum Besten. Feste Konventionen wie ein Rhythmus und ein Harmonieschema bewahren sie bei aller Freiheit der Phantasie davor, in reine Willkür und in die völlige Kakophonie abzugleiten. Es ist gut vorstellbar, dass der israelitische Tempelkult und der Psalmengesang genau dies beherzigten und weit spielerischer und improvisierter vor sich gingen, als es christliche Gottesdienste hierzulande auszudrücken vermögen, in denen es manchmal ziemlich steif zugeht und kaum etwas dem Zufall überlassen bleiben darf. Papst Franziskus ermahnt häufig dazu, offen zu bleiben für die Überraschungen, die Gott für uns bereithält. Eine ähnliche Absicht könnte man von biblischen Schöpfungstexten aussagen. Sie laden dazu ein, sich an den Überraschungen in Gottes Schöpfung zu freuen und das Spiel des Schöpfers mit seinen Geschöpfen mitzuspielen.

5. Stehende Uhren und Zeitmaschinen: Ewigkeit, Zeit und Heilsgeschichte

Bevor man sich fragt, wie die Welt nach biblischer Vorstellung entstand, drängt sich eine andere Frage auf: Was tat Gott eigentlich, bevor er die Welt erschuf? Auf diese Frage geht bereits Augustinus in seinen Bekenntnissen ein, indem er eine Scherzantwort zitiert: Er hat die Hölle geschaffen für neugierige Seelen. Dass es jedoch für derartige Beschäftigungen eine Zeit vor der Schöpfung von Himmel und Erde gegeben haben könnte, weist Augustinus schließlich selbst zurück: Gott hat mit der Schöpfung die Zeit geschaffen, daher kann vor der Schöpfung auch keine Zeit vergangen sein, in der Gott jahrhundertelang untätig gewesen sein könnte. Gott ist „der Ewige", der außerhalb der Zeit steht. In der antiken Theologie wurde für diese Zeitlosigkeit und Ewigkeit Gottes der Begriff eines „stehenden Jetzt" verwendet. Dies bedeutet: Während Vergangenheit und Zukunft der Zeit unterliegen und das „Jetzt" des Menschen durch die Zeit hindurchläuft, ist das „Jetzt Gottes" hingegen eines, das immer stehen bleibt und zugleich alle Zeiten umfasst.

Die Vorstellung eines stehenden Jetzt, einer Außer- und Überzeitlichkeit findet auch in der modernen Welt der Naturwissenschaften Parallelen. Auch in der Physik hat es keinen Sinn, nach einer Zeit „vor dem Urknall" zu fragen, da erst mit dem Urknall von Raum und Zeit gesprochen werden kann. Doch dass die Zeit auch eine Richtung hat, ist nicht seit eh und je selbstverständlich. Lange galt die Physik nämlich als zeitsymmetrisch. Was nichts anderes heißt, als dass in den Gesetzen der Newton'schen Mechanik es keinen Unterschied machen würde, ob man die Zeit vorwärts oder rückwärts laufen lässt. Auf einem Film mit zwei kollidierenden Billardkugeln könnte man nicht unterscheiden, ob der Film vorwärts oder rückwärts abgespielt wird. Auf vorwärts und rückwärts abgespielten Filmen könnte man anhand der Flugbahn eines Apfels nicht unterscheiden, ob er zu Boden fällt oder ob ihn jemand von unten nach oben wirft. Man spricht daher von Zeitsymmetrie. Auf ein „Spiegelbild" des Zeitstrahls übertragen würden in der Newton'schen Mechanik, in der Elementarteilchenphysik und in der Relativitätstheorie (bis auf spezielle Ausnahmen wie die sogenannte CPT-Symmetrie) jeweils dieselben Gesetze gelten. Daher ist eine tatsächliche Richtung der Zeit lange bestritten und nur für eine subjektive Empfindung des Menschen gehalten worden, so etwa von Albert Einstein. Für seinen Zeitbegriff war die Vorstellung eines Block-Universums und einer vierdimensionalen Raumzeit maßgeblich, in der die Zeit eine vierte Dimension analog zu den drei Raumdimensionen darstellt. In dieser sind alle Objekte räumlich wie zeitlich („raumzeitlich") ausgedehnt. Raum und Zeit verlieren dabei als eigenständige Dimensionen ihre Bedeutung. Der Mathematiker Hermann Minkowski sagte in diesem Zusammenhang einmal: „Von Stund' an sollen Raum für sich und Zeit für sich völlig zu Schatten herabsinken, und nur noch eine Art Union der beiden soll Selbstständigkeit bewahren."

Demgemäß gibt es auch weder räumliche noch zeitliche Vorzugsrichtungen; alle Punkte in diesem Raumzeit sind gleichermaßen real. Diese wissenschaftliche Überzeugung, dass die Zeit keinen Unterschied zwischen Vergangenheit und Zukunft kennt, ist sehr nützlich für den Alltagsgebrauch: Haben Sie zum Beispiel einen verabredeten Termin vergessen und Ihr Freund bringt in vorwurfsvollem Ton nach Ihrem verspäteten Eintreffen seinen Unmut darüber zum Ausdruck, dass er eine halbe Stunde auf Sie gewartet hat, können Sie antworten: „Subatomar betrachtet bildest du dir das nur ein." Albert Einstein half diese Vorstellung auch dabei, mit dem Tod eines lieben Freundes, Michele Besso, umzugehen – schließlich ist in diesem Fall auch mit dem Todeszeitpunkt nicht mehr ein tatsächlicher, fortan umumkehrbarer Zustand eingetreten und alle Zeitpunkte vor dem Tod sind nicht weniger wirklich als diejenigen nach dem Tod. An dessen Witwe schrieb er daher in einem Kondolenzbrief: „Für uns gläubige Physiker hat die Scheidung zwischen Vergangenheit, Gegenwart und Zukunft nur die Bedeutung einer wenn auch hartnäckigen Illusion."

Leider ist es uns trotz dieser Einstein'schen Überzeugung nicht möglich, auf der Zeitachse beliebig hin- und herzuspringen und damit die Zeitabschnitte, in der unsere verstorbenen Angehörigen und Freunde noch lebten, als genauso real zu erfahren.

Man kann sich fragen: Warum sind wir nicht genauso frei, uns in der Zeit hin- und herzubewegen wie von einem Ort zum anderen, warum sind wir stattdessen so erbarmungslos in die Zeit hineingezwängt? Warum können wir nicht aus ihr herausspringen und auf alle Zeitpunkte draufschauen – etwa wie Gott aus seiner Außerzeitlichkeit heraus? Damit sind wir in der Theologie angekommen, wo sich die umgekehrte Frage stellt: Wie kann man sich vorstellen, dass ein außerhalb der Zeit stehender Gott plötzlich in die Zeit hineinspringt, mit der Schöpfung anfängt, Geschichte zu schreiben und mit den Menschen durch Geschichte und Zeit mitgeht? Ein Vergleich: Man stelle sich einen Regisseur vor, der einen Film im Kino anschaut und je nach Bedarf in den Film hineinspringt, um den weiteren Verlauf des Films zu gestalten.

Wenn man sich mit dieser Frage in der Bibel auf die Suche nach möglichen Antworten macht, stellt man fest: Allzu abstrakte und philosophische Denkgebilde über einen außerzeitlichen Zustand sind der altorientalischen und hebräischen Welt noch ziemlich fremd. In den Schöpfungstexten gehen die Perspektiven von einem über allen Zeiten stehenden und in der Zeit agierenden Gott teils sehr fließend ineinander über – die Texte lassen diese Unschärfe, wie es scheint, absichtlich so stehen. Man könnte auch hier von einer komplementären Wirklichkeit Gottes sprechen. Die Aspekte von Ewigkeit und Zeitlichkeit Gottes bieten erst in ihrem Zusammenspiel eine Möglichkeit, adäquat von Gott zu sprechen. In dem bereits erwähnten Psalm 93 beispielsweise heißt es:

2 *Fest steht dein Thron von jeher.*
Seit Ewigkeit bist du.

Man könnte hier zwar an eine Außerzeitlichkeit Gottes denken. Zu dieser Vorstellung passt allerdings nicht ganz, dass auch Gottes Taten und Gnadenerweise an den Menschen bereits in die Ewigkeit gelegt und von dort aus in eine Linie mit der weiteren Geschichte gestellt werden, wie in Psalm 25:

6 *Denk an dein Erbarmen, JHWH, und an die Taten deiner Gnade;*
denn sie sind seit Ewigkeit!

Anschaulich, wie man in der altorientalischen Welt dachte, sprach man auch von den Uranfängen, dem Zustand vor aller Zeit, in der Form, dass man von der Wahrnehmung der geschaffenen Welt ausgeht und von dieser alles Geschaffene abzieht – wie auch noch am Beispiel des Schöpfungstextes der Genesis und dem Tohuwabohu ersichtlich werden wird. Statt also mühsam zu beschreiben versuchen, was vor der Zeit oder besser am Anfang der Zeit war, begnügt man sich zu sagen, was alles noch nicht war. Hierzu dienen die im Alten Orient geläufigen *Als-noch-nicht-Aussagen*. Im Buch der Sprichwörter (s. Kapitel 3) sind uns solche Formulierungen begegnet: „als es noch keine Urflut gab“, „ehe die Berge eingesenkt wurden“, „als Gott die Erde und die Fluren noch nicht gemacht hatte“. Hier zielen diese Aussagen darauf ab, die Sonderstellung der Weisheit hervorzuheben, die sich gewissermaßen an der Schnittstelle zwischen Zeit und Ewigkeit bewegt. Sie ist nicht ewig wie Gott, da sie von ihm geschaffen ist. Ihr Ursprung muss also bereits in der Zeit liegen, wenn auch ganz an ihrem Anfang. Als vor allen anderen Werken Gottes geschaffen, am Anfang von allen Wegen, von Ewigkeit her eingesetzt, sprengt sie jedoch zugleich jede menschliche Zeitvorstellung.

Zurück zur Physik: Die Zeit erleben wir als unumkehrbar, weil es in der Natur unumkehrbare Prozesse gibt – womit jeder Traum, mit einer Zeitmaschine in die Vergangenheit zurückzureisen, geplatzt ist. Diese Vorgänge, die wir im Alltag als unumkehrbar empfinden, sind dadurch gekennzeichnet, dass die Abläufe der einzelnen Bestandteile zufällig sind und sich nicht vorhersagen lassen. Zum Verständnis dieser Vorgänge hat die Entwicklung der Statistischen Mechanik den Weg geebnet. Sie beschäftigt sich mit Vorgängen wie Wärmeübertragung, etwa wie sich in einem Metallstück Wärme ausbreitet, wenn man es an einem Ende erhitzt. Solche Vorgänge sind dadurch gekennzeichnet, dass es eine Vielzahl von einzelnen Bewegungsabläufen einzelner Elektronen, Atome oder Moleküle gibt, die sich als einzelne nicht vorhersehen lassen, sich aber insgesamt hin zu wahrscheinlicheren Zuständen bewegen. Es ist nicht völlig unmöglich, dass sich ein solches System zu einem Anfangszustand zurückbewegt, aber extrem unwahrscheinlich: etwa, dass sich ein Metallstück von allein an einem Ende abkühlt und am anderen Ende erwärmt. Ein Film, der eine große Zahl rollender Billardkugeln zeigt, die am Ende in Dreiecksform zur Ruhe kommen, oder einen Milchtropfen, der sich im Kaffee zusammenzieht, lässt sich daher schnell als rückwärts abgespielt erkennen.

Solche unumkehrbaren oder irreversiblen Prozesse sind durch einen Zuwachs an *Entropie* gekennzeichnet. Entropie ist ein Maß für die Unordnung eines Systems. Der Zweite Hauptsatz der Thermodynamik postuliert, dass die Entropie eines abgeschlossenen Systems immer zunimmt. Mit anderen Worten: Unordnung entsteht ganz von selbst, während man für die Aufrechterhaltung von Ordnung immer wieder Energie hineinstecken muss. Dieses physikalische Phänomen ist außerdem in den meisten Kinderzimmern und auf Schreibtischen zu beobachten. Ohne eine äußere Energiezufuhr sind die Übergänge von Ordnung zu Unordnung hingegen unumkehrbar.

Zu Beginn der Entwicklung der Thermodynamik empfand man solche unumkehrbaren Prozesse als Widerspruch zu den Gesetzen der Newton'schen Mechanik – nach diesen lässt sich doch eigentlich jeder Prozess vorwärts wie rückwärts abspielen. Beide Bereiche, Newton'sche Mechanik und Thermodynamik, lassen sich jedoch dadurch kombinieren, dass die Thermodynamik die Newton'sche Mechanik ergänzt und die Auswahl der Zustände einschränkt, die von rein mechanischer Gesetzmäßigkeit möglich wären. Ein reales System bewegt sich immer zu einem Zustand größerer Wahrscheinlichkeit hin. Wenn etwa zwei Gase in eine Kammer gelassen werden, dann ist der wahrscheinlichere Zustand der durchmischte; dass sich jedoch zwei Gase entmischen, ist von der Newton'schen Mechanik her zwar möglich, thermodynamisch jedoch extrem unwahrscheinlich. Wenn man Milch in den Kaffee gießt, ist es höchst unwahrscheinlich, dass die beiden Flüssigkeiten auf Dauer als braune und weiße Schicht voneinander unterscheidbar sind; der wahrscheinliche Zustand ist der eines Gemischs.

Ein wahrscheinlicherer Zustand, d. h. ein Zustand mit höherer Entropie, ist daher für ein System sozusagen attraktiver. Man bezeichnet diese Zustände daher auch als „seltsame Attraktoren". Die Wahrscheinlichkeiten werden in der Thermodynamik durch statistische Mathematik ermittelt. Diese macht es sich zunutze, dass eine große Zahl chaotischer, nicht vorhersehbarer

Prozesse in ihrer gesamten Wahrscheinlichkeitsverteilung immer genauer vorhersagbar wird. So bleibt etwa ein einzelner Würfelwurf unvorhersehbar, bei einer großen Zahl von Würfen hingegen pendelt sich für jede Augenzahl insgesamt eine relative Häufigkeit von 1/6 ein. Oder wenn man Kugeln über ein Brett rollen lässt, auf dem in regelmäßigen Abständen Nägel eingeschlagen sind, sodass die Kugeln auf je zufällige Weise je nach Ankunftsort in ein Rohr fallen, nähern sich nach einer großen Zahl von Einzelexperimenten die Füllhöhen in den Röhren immer genauer der bekannten Gaußglocke an.

Die Richtung der unumkehrbaren Zeit wird also insgesamt mit der Zunahme der Entropie beschrieben. In seiner Gesamtheit betrachtet steuert der Kosmos auf immer größere Unordnung, auf Eintönigkeit und damit Lebensfeindlichkeit zu. Doch ohne diese Zeitrichtung wachsender Unordnung hätten sich nicht auch zugleich kleine Inseln wachsender Ordnung und Komplexität herausbilden – von Atomen zu Molekülen, Molekülen zu Einzellern, von Einzellern zu komplexen Lebewesen – und der Kosmos die uns bekannte Gestaltenfülle annehmen können. Im vorhin beschriebenen Zusammenspiel von Chaos und Zufall einerseits, Notwendigkeit und Gesetzmäßigkeit andererseits besteht eine wesentliche Voraussetzung dafür, dass unser Universum *evolutiv* ist und den Sprung von einem statischen *Sein* zu einem dynamischen *Werden* vollziehen konnte. Dass die Zeit eine Richtung hat, ist entscheidende Voraussetzung dafür – auch wenn dies bedeutet, dass so manche schönen Augenblicke, wenn sie vorbei sind, für immer der unwiederbringlichen Vergangenheit angehören. Wie gerne würden wir wie bei Albert Einstein in Trauer über den Tod seines Freundes uns am liebsten in einer stehenden Raumzeit hin- und herbewegen. Oder wie Marta von Bethanien im Neuen Testament am Grab ihres verstorbenen Bruders Lazarus am liebsten das Rad der Zeit zurückdrehen, wie sie es mit der an Jesus gerichteten

Klage zum Ausdruck bringt: „Herr, wärst du hier gewesen, dann wäre mein Bruder nicht gestorben." (Joh 11,32, EÜ) Bekanntlich löst an dieser Stelle Jesus das Problem, indem er sich mit der Auferweckung des Lazarus als Sohn Gottes, als Freund des Lebens und als Herr über den Tod erweist. Damit bezeugt er in gewisser Weise auch die göttliche Vollmacht über die Geschichte und über die Zeit.

Das Verständnis einer linearen Zeit, einer Geschichte, die mit der Schöpfung beginnt, die heilvollen Taten Gottes für sein Volk umfasst und auf ein Ziel zustrebt, ist typisch für die Bibel und durchzieht bereits das Alte Testament. Deutlich wird dies beispielsweise am Buch Jesaja. Der Prophet Jesaja trat im 8. Jahrhundert v. Chr. auf, als das Königreich Israel bereits in Nord- und Südreich zerfallen war. Damals stand Israel im Zangengriff von Fremdmächten: Das Assyrische Reich hatte das Nordreich eingenommen, und der Einfall ins Südreich schien nur eine Frage der Zeit. König Ahas vom Südreich suchte die Lösung in taktischen Koalitionen mit anderen Mächten wie Ägypten und stand zudem unter dem Druck der Könige von Damaskus und vom Nordreich, mit ihnen zu paktieren. Jesajas Auftrag bestand darin, dafür zu werben, auf den Gott des Volkes Israel, JHWH, zu vertrauen anstatt auf fragile politische Koalitionen, die das kleine Volk Israel wieder in die Abhängigkeit anderer Mächte getrieben hätten. Als das feindliche assyrische Heer 721 v. Chr. vor den Toren Jerusalems, der Hauptstadt des Südreichs, stand und wenig später aus ungeklärten Gründen unverrichteter Dinge wieder abziehen musste, schien sich dieses Vertrauen auf JHWH als der richtige Weg erwiesen zu haben.

An diese Grundbotschaft knüpften spätere prophetische Verfasser an, ergänzten die Texte zu ihrer Zeit und verschmolzen sie mit ihren Lebenswelten. So stand der Prophet Deuterojesaja vor der Herausforderung, seinen Glaubensgenossen im babylonischen Exil Mut zuzusprechen. Nach dem Einmarsch der babylonischen Truppen unter König Nebukadnezar im Jahr 587 v. Chr. wurde die Oberschicht des Volkes Israel nach Babylonien verschleppt. Diese Verschleppung bedeutete eine ernste Herausforderung für den überlieferten Glauben an JHWH und für die israelitische Identität. Dass der ewige Gott in der menschlichen Zeit wirken soll, dass er zugunsten seines Volkes in die Geschichte eingreift und politische Fremdmächte in die Schranken weisen kann – dieser Glaube ist in den Grundfesten erschüttert worden, und Zweifel werden immer lauter. In dieser misslichen Lage tritt der Prophet auf, den man als „Deuterojesaja“ (wörtlich: zweiter Jesaja) bezeichnet. Wenn den Israeliten alle Grundlagen für ihren Glauben an einen in der Zeit wirkenden Gott genommen scheinen, dann fängt der Prophet in seiner Glaubensverkündigung wieder ganz am Anfang an, um diesen Glauben neu aufzubauen: bei der Schöpfung, am Beginn der Zeit.

Wie der Schöpfungsbericht der Genesis, so ermutigt auch Deuterojesaja seine Glaubensgenossen zur Standhaftigkeit, indem er die Werke Gottes in Erinnerung ruft. Hierzu gehört insbesondere die Schöpfung der Welt als erste Geschichtstat. So verweist er auf die Weisheit Gottes, die aus seiner Schöpfung ersehen werden kann. Dieser Gott, so die Schlussfolgerung, ist unvergleichbar, und keine Macht der Welt kann sich mit ihm messen: Alle Völker sind vor Gott wie ein Nichts. Auch die Götter der anderen Völker können es nicht mit JHWH aufnehmen. Immer wieder standen die Israeliten in der Versuchung, der Faszination von Gestirnkulten zu erliegen, die in den Nachbarvölkern gang und gäbe waren. Diese „Gestirngötter“ sollten nicht nur, so der Prophet, jeden Versuch unterlassen, sich mit JHWH zu messen. Vielmehr sind sie selbst Geschöpfe JHWHs und verlieren damit jeden Anspruch auf einen göttlichen Rang. Demzufolge hat sich auch das Volk Israel im Bund mit seinem

Gott weder vor seinen politischen Feinden noch vor deren großspurig daherkommenden Göttern zu fürchten.

All dieser Argumentation voran stehen der Blick auf die Schöpfung und in den Himmel und der Glaube daran, dass Gott all dies geschaffen hat. Schöpfungslaube ist daher weit mehr als eine religiös aufgehübschte kosmologische Spekulation über den Ursprung der Welt und des Menschen. Sie ist vielmehr Anknüpfungspunkt für den Glauben daran, dass Gott, wenn er schon einmal das Projekt Schöpfung angegangen ist, dieses nicht im Nichts oder in der Katastrophe enden lassen wird, sondern mit ihr die Zeit und damit eine heilvolle Geschichte begonnen hat. Aus dem Geschaffensein folgt: durch eine linear sich fortsetzende Zeit hindurch geführt, begleitet, behütet und zu einem guten Ziel gelenkt zu sein.

Auch heute kann die Deutung der Natur als Schöpfung den Gottesglauben an eine sinnlich wahrnehmbare Ebene zurückbinden, ihn erden und ihn davor bewahren, sich in Spekulationen zu versteigen, die den Bezug zur sichtbaren Welt verlieren. Dieser Anspruch kommt in einem Wort von Thomas von Aquin deutlich zum Ausdruck: „Nichts ist im Verstande, was zuvor nicht im Sinne war." („*Nihil est in intellectu quod non prius fuerit in sensu.*") Auch am Beginn jedes theologischen Nachdenkens, so kann man daraus folgern, steht erst einmal sinnliche Wahrnehmung. Wenn Gott den Menschen anspricht, Theologie also im wahrsten Sinne des Wortes „Rede Gottes" ist, dann ist dieses Wort insbesondere auch über die Schöpfung an den Menschen gerichtet. Sie ist die Schnittstelle zwischen göttlicher und menschlicher und damit sinnlich wahrnehmbarer Sphäre – und letztlich auch: zwischen Ewigkeit und Zeit. Wenn der Gottesglaube so begründet wird, verbindet er sich ganz untrennbar mit der Hoffnung: Alles, was von Gott geschaffen ist, hätte er nicht geschaffen, wenn er es nicht zugleich mit seiner Liebe und Fürsorge tragen, umfangen und letztlich zum Guten führen würde. In dieser Hinsicht mag auch heute der Schöpfungsglaube über manches Traurige und widersinnig Scheinende hinwegtrösten. Er mag in Zeiten von Erschöpfung und Müdigkeit Kraft und Zuversicht für die Zukunft verleihen – so wie es Deuterojesaja seinen Glaubensgeschwistern nahelegt:

40,12 *Wer hat gemessen mit der hohlen Hand die Wasser,*
und die Himmel mit der ausgespannten Hand vermessen,
erfasst den Staub der Erde mit einem Scheffel?
Wer hat die Berge mit einer Waage gewogen,
und mit Gewichten die Hügel?
13 *Wer bestimmt den Geist JHWHs?*
Wer ist der Mann seines Rates, der ihn unterwiese?
14 *Mit wem berät er sich, dass er ihm Einsicht vermitteln*
und ihn über die Pfade des Rechts belehren würde?
Wer lehrt ihn Wissen
und wer zeigt ihm den Weg der Erkenntnis?
15 *Siehe, Nationen gelten so viel wie ein Tropfen am Eimer*
und wie Staub auf der Waage.
Siehe, Inseln wiegen nicht mehr als ein dünner Belag.
[…]
25 *Mit wem vergleicht ihr mich,*
dem ich gleich wäre, spricht der Heilige.
26 *Hebt eure Augen in die Höhe empor und seht:*
Wer hat dies geschaffen?
Der nach der Zahl herausruft ihr Heer,
er ruft sie alle mit Namen
durch die Fülle seiner Macht und die Stärke seiner Kraft,
nicht ein einziger fehlt.

27 *Warum sagst du, Jakob*
und sprichst du, Israel:

Mein Weg ist verborgen vor JHWH
und meinem Gott entgeht mein Recht?
28 *Hast du es nicht erkannt*
oder hast du es nicht gehört?
Ein Gott der Ewigkeit ist JHWH,
der Schöpfer der Enden der Erde.
Er wird nicht müde und wird nicht matt.
Unergründlich ist seine Einsicht.
29 *Er gibt dem Müden Kraft,*
und dem Kraftlosen mehrt er die Stärke.
30 *Es ermüden die Jungen und werden schwach*
und die jungen Männer straucheln und fallen.
31 *Doch die, die harren auf JHWH, erneuern die Kraft.*
Sie treiben Schwingen wie Geier.
Sie laufen und werden nicht matt.
Sie gehen und werden nicht müde.

6. Vom Möglichen zum Faktischen: Versklavte Atome und gebrochene Spiegel

Gottes Eingreifen in der Geschichte erfolgt nach der Bibel oft durch wunderhafte Ereignisse. Doch solche Wundergeschichten in der Bibel gelten oftmals wie der antiquierte Schöpfungsglaube als Zumutung an den gesunden Menschenverstand. Daher wird häufig versucht, sie auf den Boden des naturwissenschaftlich plausibel Begründbaren zurückzuholen: Der Durchzug durchs Rote Meer etwa könnte damit erklärt werden, dass mit diesem Gewässer eigentlich der Sirbonische See gemeint ist. Dieser ist von tückischem Treibsand umgeben, in dem die Ägypter, vor denen die Israeliten auf der Flucht waren, in die Tiefe gezogen worden sein könnten. Oder es wird auf ein Phänomen namens *wind setdown* verwiesen: Heftige Winde bewegen das Wasser in eine Richtung und legen die Seite, von der der Wind kommt, trocken. Solche Erklärungsversuche sollen zeigen, dass wunderhafte Begebenheiten prinzipiell nicht unmöglich sind. Ähnliche Versuche beziehen sich auf die stillstehende Sonne im Buch Josua, die es ihm ermöglichte, die Schlacht gegen die Amoriter zu beenden (Jos 10,7–14). Hier wird mitunter spekuliert, dass Hagelsteine von Meteoriten in der Atmosphäre verdampft und einen Lichtleitereffekt hervorgerufen haben könnten, der die untergegangene Sonne quasi weiter scheinen ließ. Das schicksalhafte Zusammentreffen solcher Umstände – die Flucht der Israeliten vor dem übermächtigen Feind und eine meteorologische Konstellation, die sie trockenen Fußes durch das Meer ziehen lässt – mutet nur alles andere als wahrscheinlich an.

Die Frage stellt sich daher, inwieweit der Mensch mit dem Unwahrscheinlichen rechnen kann. Religiöse Menschen deuten das Eintreten von unwahrscheinlichen Konstellationen als von Gott gewollt und gefügt und ziehen sich damit mitunter den Spott von Agnostikern und Atheisten zu. Daran ändert auch die Tatsache nichts, dass vieles, was auf den ersten Blick absurd, da der Alltagserfahrung völlig fremd, anmutet, prinzipiell möglich sein kann. So etwa, dass wir uns rein theoretisch durch Wände bewegen könnten – der quantenmechanische Tunneleffekt könnte so etwas ermöglichen. Da dies bei großen Körpern im Gegensatz zu typischen Quantenobjekten wie Elektronen und Atomen „nur" extrem unwahrscheinlich ist, ist etwa eine quantenmechanische Erklärung dafür, dass Jesus nach seiner Auferstehung Wände und geschlossene Türen durchschreiten konnte, für hartgesottene Atheisten nur wenig überzeugend. Abgesehen davon stellt sich überhaupt die Frage, ob solche Wunder sich im Rahmen der – zumindest uns bekannten – Naturgesetzlichkeit abspielen.

Eine grundsätzliche Erkenntnis jedoch relativiert die vermeintliche Absurdität von unwahrscheinlichen, „wundersamen" Begebenheiten. Nämlich diejenige, dass wir die uns umgebende Welt mit ihren Gesetzmäßigkeiten und Bausteinen ebenfalls als eine verwirklichte Möglichkeit von unendlich vielen zur Wahl stehenden Möglichkeiten betrachten können. Die meisten anderen möglichen Welten wären für die Ausbildung von Leben nicht geeignet gewesen – mehr dazu im nächsten Kapitel. Von Anfang an war die Entwicklung des Universums von Übergängen von unendlich vielen möglichen Zuständen in einen faktischen Zustand begleitet. Solche Übergänge vom Möglichen ins Faktische vollziehen sich ununterbrochen, wenn makroskopische Systeme mit quantenmechanischen Systemen wie in Kapitel 2 beschrieben in Wechselwirkung stehen. Etwa wenn „nachgeschaut" wird, ob ein Atom zerfallen ist oder nicht – ob mit oder ohne Katze als Messinstrument. Zur Erinnerung: Jedes quantenmechanische System besteht immer aus einer Überlagerung von möglichen Zuständen, die von einer Wellenfunktion beschrieben wird. Bei einer Messung wird von vielen möglichen Zuständen ein Zustand realisiert – die Wellenfunktion kollabiert. Das Quantenobjekt, beispielsweise ein Elektron, bekommt durch diese Messung „reale" Eigenschaften: einen bestimmten Ort oder einen bestimmten Impuls. Ohne diese Eigenschaften ist es nicht als reales Teilchen erkennbar oder zählbar. In der Kopenhagener Deutung nach Niels Bohr kann ein Quantenobjekt daher nicht unabhängig vom makroskopischen Messapparat „real" bzw. „gewiss" existieren. Der Physiker Carl Friedrich von Weizsäcker bringt dieses Schweben eines nicht gemessenen Quantenobjekts zwischen Existenz und Nicht-Existenz so auf den Punkt: „Was beobachtet worden ist, existiert gewiß, bezüglich dessen, was nicht beobachtet worden ist, haben wir noch die Freiheit, Annahmen über seine Existenz oder Nichtexistenz einzuführen."

Die wesentlichen Weichenstellungen von vielen Möglichkeiten hin zu faktischen Zuständen begannen bereits unmittelbar nach dem Urknall, zu dem an dieser Stelle ein paar Sätze fallen sollen. Ausschlaggebend für die Entwicklung der Theorie vom Big Bang war die Feststellung, dass das Licht, das von fernen Galaxien zur Erde gelangt, zu größeren Wellenlängen hin verschoben ist. Da der langwellige sichtbare Bereich des Lichts rot ist, spricht man von *Rotverschiebung*. Diese erklärte man sich zunächst dadurch, dass sich die Galaxien mit einer Fluchtgeschwindigkeit voneinander entfernen müssen: Die Lichtwellenlängen werden somit als größer wahrgenommen, ähnlich wie der Schall eines vorbeifahrenden Krankenwagens, der tiefer klingt, sobald sich der Krankenwagen entfernt. Georges Lemaître hingegen stellte die Theorie auf, dass nicht die Galaxien sich im ruhenden Kosmos voneinander entfernen, sondern dass es der Kosmos selbst ist, der sich ausdehnt. Im sich ausdehnenden Raum bewegen sich die Galaxien auseinander wie Rosinen in einem aufgehenden Hefekuchen. Rechnet man dieses Auseinanderdriften des Kosmos zurück, kommt man zum Ergebnis, dass der Kosmos vor 13,8 Milliarden Jahren durch eine Art Explosion aus einem hochkonzentrierten Zustand heraus entstanden ist. Die eigentlich spöttisch gemeinte Bezeichnung für diesen „Big Bang“ geht auf Fred Hoyle zurück, der die Theorie eines großen Knalls am Beginn ablehnte. Dieser setzte er die Steady State Theorie entgegen, nach der sich das Universum in einem Gleichgewichtszustand befindet. Mit der Ausdehnung des Universums entsteht kontinuierlich neue Materie, sodass die Materiedichte konstant bleibt.

Das Standardmodell mit der Vorstellung des Urknalls erfreut sich jedoch einer weit größeren Akzeptanz und prägt unser modernes Weltbild. Dies liegt auch daran, dass die Theorie des Urknalls durch eine wichtige Entdeckung bestätigt wurde: durch die Entdeckung der kosmischen Hintergrundstrahlung. Dabei handelt es sich um eine elektromagnetische Strahlung im Mikrowellenbereich. Sie ist isotrop, d. h. sie kommt aus allen Richtungen des Raums. Im Jahr 1992 konnte der Satellit COBE (Cosmic Background Explorer) geringe Fluktuationen in der Hintergrundstrahlung in verschiedenen Bereichen des Kosmos feststellen. Diese Fluktuationen lassen Rückschlüsse auf geringste energetische Schwankungen ziehen, die sich unmittelbar nach dem Urknall einstellten – der Big Bang hinterlässt in ihnen sozusagen seinen Fingerabdruck. Mit diesen Schwankungen versucht man wiederum die Dichtefluktuationen zu erklären, die später wie Kondensationskeime für die Materie gewirkt haben, sodass sie sich an ganz bestimmten Stellen zu Sternen und Galaxien zusammenballte.

Den anfänglichen Zustand des Universums unmittelbar nach dem Urknall stellt man sich in einer Art und Weise vor, dass viele mögliche Folgezustände in ihm angelegt sind. Um einzelne Übergänge von Möglichkeiten hin zu ihrer Realisierung auf der

Ebene von kleinsten Teilchen zu beschreiben, hilft die Quantenphysik mit den oben beschriebenen Messvorgängen weiter: Geht man in die Zeit unmittelbar nach dem Urknall zurück, könnte man sagen, dass alle Quantenphänomene zunächst potenzielle Existenz besaßen und dann durch die Wechselwirkung mit ihrer sich entwickelnden makroskopischen Umgebung, also quasi durch „Messungen", in eine reale Existenz überführt wurden. Oder um die Begriffe von Aristoteles zu verwenden: von Potenzialität in Aktualität.

In der Physik bezeichnet man solche Übergänge vom quantenmechanischen Zustand zur klassischen Physik auch als *Dekohärenzprozesse*: Ein quantenmechanisches Teilchen ist noch aufgrund seines Wellencharakters zur Interferenz fähig, es kann sich also mit anderen Teilchen wie zwei übereinander gelagerte Wellen verstärken oder auslöschen. Das Teilchen wird beim Übergang in die makroskopische Welt wie bei einer Messung an die dekohärente, nicht mehr interferierende Umgebung angekoppelt, womit es seinen Wellencharakter verliert. Es wird in seinen Möglichkeiten begrenzt und von einer Fülle von überlagerten Zuständen auf eingrenzbare Eigenschaften festgelegt. Das quantenmechanische System, also z. B. ein Atom, büßt seine Freiheiten ein und wird sozusagen „versklavt". Dadurch gewinnt es seine klassischen Eigenschaften wie Ort und Impuls. Wo genau der Schnitt zwischen quantenmechanischem und klassischem Zustand, zwischen Messendem und zu Messendem liegt (der sogenannte *Heisenberg-Cut*), ist unklar. Bevor Sie jedoch gegen eine Wand oder, falls Sie den Hausschlüssel vergessen haben, versuchsweise gegen die Tür anrennen wollen, sollten Sie besser nicht davon ausgehen, dass Sie sich in der Quantenwelt befinden – die Wahrscheinlichkeit eines Quantentunnelns wäre auch dann nicht besonders hoch, wenn Sie sich für ein Leichtgewicht halten.

Neben solchen Dekohärenzprozessen beschreibt die Physik auch auf andere Weise die Verwirklichung eines bestimmten Zustands aus einer Fülle von möglichen Zuständen: nämlich durch sogenannte *Symmetriebrechungen.* Es sind ein paar Worte dazu nötig, was Symmetrie und deren Brechung bedeuten. Wenn man im Alltag von Symmetrie spricht, denkt man meist an Spiegelsymmetrie wie bei Schmetterlingsflügeln. Wer sich im Spiegel betrachtet, findet in seinem Spiegelbild eine genaue symmetrische Entsprechung. Eine Symmetriebrechung kann man sich anschaulich durch das Zerbrechen des Spiegels vorstellen, womit das Spiegelbild wegfällt und das symmetrische Spiegelbild dahin ist.

Symmetrien und ihre Brechungen beziehen sich jedoch nicht nur auf Spiegelsymmetrien. Eine Figur gilt allgemein als symmetrisch, wenn es Möglichkeiten gibt, sie durch Verschiebungen, Drehungen etc. in sich selbst zu überzuführen. Je mehr Möglichkeiten es gibt, umso höhersymmetrisch ist die Figur. Einen Kreis kann man beliebig um seinen Mittelpunkt drehen, und man landet wieder bei einem Kreis. Er ist höhersymmetrisch als ein Quadrat, welches nur ganz bestimmte Drehungen in sich selbst überführen: nämlich Drehungen um ein Vielfaches von 90 Grad.

In der griechischen Philosophie galt möglichst hohe Symmetrie als Zeichen von Vollkommenheit und damit als dem göttlichen Bereich zugehörig. Die Welt musste daher nach Platons Überlegungen die Gestalt einer Kugel haben. Auch heute liefern Symmetrien Maßstäbe dafür, was wir als schön empfinden: Ein menschliches Gesicht nehmen wir als schön wahr, wenn sich seine Proportionen nicht allzu weit von durchschnittlichen Werten entfernen. Hierzu gehört, dass beide Gesichtshälften einander entsprechen und symmetrisch sind. Allerdings ist eine perfekte Symmetrie nicht immer das, was das Auge eines Betrachters wirklich befriedigt. Allzu perfekte

Symmetrien wirken manchmal kalt und steril. Dagegen sind es kleine Abweichungen, also Symmetriebrechungen, die ein im Großen und Ganzen symmetrisches Erscheinen auflockern und ein Bild lebendig und interessant erscheinen lassen – auch wenn wir etwa bei einem menschlichen Gesicht diese geringen Abweichungen oft gar nicht bemerken.

Je komplexer eine Struktur ist, desto geringer ist ihr Grad an Symmetrie, denn Komplexität hat meist mit einer bestimmten inneren Ordnung und damit mit einer Richtungsvorgabe zu tun. Stellen Sie sich einen großen kugelförmigen Raum vor, der von oben bis unten mit verschiedenfarbigen Bällen gefüllt ist. Sind diese Bälle nicht sortiert, kann man den Raum beliebig drehen, ohne dass sich etwas an seinem Erscheinungsbild ändert. Sind die Bälle jedoch sortiert, etwa je nach Farbe in die eine oder andere Kugelhälfte gebracht, so lässt sich der Raum nicht mehr beliebig drehen und wenden – die Symmetrie wird geringer. Der Grundgedanke ist für die meisten erst einmal gewöhnungsbedürftig: Höhere Symmetrie bedeutet mehr Unordnung, geringere Symmetrie mehr Ordnung!

In der Natur geschehen Symmetriebrechungen beispielsweise, wenn ein Wassertropfen zu einem Eiskristall gefriert oder wenn ein Ferromagnet vom nichtmagnetisierten in einen magnetisierten Zustand übergeht. Solche Symmetriebrechungen geschehen normalerweise bei Abkühlung und einem dabei eintretenden sogenannten Phasenübergang. Gefriert eine Flüssigkeit, geht eine höhere Symmetrie, in der es keine bzw. weniger ausgezeichnete Orte oder Richtungen gibt, egal wie man ein Volumenelement von Wasser dreht und wendet, in eine geringere Symmetrie über, nämlich in eine geordnete, die entsprechend den Gitterachsen des Eiskristalls Vorzugsrichtungen aufweist. Auch wenn ein Ferromagnet von der nichtmagnetischen zur magnetischen Phase übergeht, gewinnt man solche Vorzugsrichtungen. Unterhalb einer bestimmten Temperatur richten sich magnetische „Elementarmagnete“, sogenannte Dipole, nach einer Vorzugsrichtung aus. Oberhalb dieser Temperatur weist der Magnet völlige Raumsymmetrie auf, da keine Vorzugsachse vorhanden ist und somit unendlich viele Symmetrieachsen im Raum angelegt werden können. Durch Unterschreiten der Magnetisierungstemperatur wird die Symmetrie gebrochen und im magnetisierten Zustand, wenn sich die magnetischen Dipole gemeinsam ausrichten, auf eine Richtung beschränkt. Die Art und Weise des Symmetriebruchs ist dabei nicht von vornherein festgelegt und vorhersehbar. Das bedeutet, dass die Phase geringerer Symmetrie nicht aus der Phase der höheren Symmetrie bestimmbar ist. Vielmehr enthält die höhere Symmetrie eine Vielzahl von Möglichkeiten von gebrochenen Symmetrien, ähnlich wie ein zerbrechendes Glas, dessen Scherben in ihrer Form alle möglich, aber nicht vorhersehbar sind.

In der Physik und in der Mathematik sind viele Symmetrien und deren Brechungen weit weniger anschaulich, unterliegen aber demselben Prinzip. Mit Symmetrie bezeichnet man dort ganz allgemein die sogenannten *Invarianzeigenschaften* eines Systems. Sie beziehen sich also nicht nur auf anschauliche Formen, sondern auch auf abstrakte mathematische Größen wie etwa Bewegungsgleichungen oder physikalische Modelle, die das Verhalten eines ganzen Systems beschreiben. Auch bei diesen weniger anschaulichen Systemen überlegt man sich, welche Operationen sie in sich selbst überführen, wie etwa im vorhin genannten Fall von Spiegelsymmetrie eine Spiegelung an einer Achse.

Mathematiker haben eine ganz genaue Bestimmung, wie symmetrisch ein System ist: Sie ist definiert durch die Gruppe der Transformationen, unter denen das System unverändert bleibt – die sogenannte Symmetriegruppe. Diese Invarianzeigenschaften eines Systems oder Modells werden so zu einem wichtigen Kontrollorgan bei der Aufstellung einer mathematischen Theorie. Durch Vergleich mit der experimentellen Beobachtung versucht man herauszufinden, welches die Symmetrieeigenschaften des Systems sind, indem man also feststellt, unter welchen Transformationen sich ein Problem nicht ändert und alle wesentlichen Aspekte gleich bleiben.

Die Anfänge der Physik bestanden dagegen vornehmlich in einem Abgleich des wahrgenommenen Verhaltens der Natur mit mathematischen Gleichungen. Die beobachtete Bahn einer Kurve eines geworfenen Balls beispielsweise kann in Übereinstimmung gebracht werden mit einer Gleichung, die diese Bahn beschreibt. Ein Satz von mathematischen Gleichungen, der aus dem Abgleich mit experimentellen Daten gewonnen wurde, fügte sich so zu einem Modell zusammen, das die beobachteten Phänomene wiedergibt. In der Physik des zwanzigsten Jahrhunderts hat man dagegen bei der Aufstellung von Theorien vorwiegend Überlegungen zur Symmetrie eines Systems angestellt. Man fragt also: Unter welchen Transformationen bleiben Systeme unverändert? Die Newton'sche Mechanik beispielsweise, die die Bewegungen von Körpern unter dem Einfluss von Kräften beschreibt, bleibt bei gleichförmigen Bewegungen unverändert: So fällt ein Gegenstand in einem fahrenden Eisenbahnwagen aufgrund der gleichen Gesetzmäßigkeiten auf den Boden wie auf dem ruhenden Bahnhofsgleis. Durch ein Experiment mit einem fallenden Körper kann man also nicht feststellen, ob man sich in einem ruhenden oder gleichförmig bewegten System befindet. Ebenso unverändert bleiben die Gesetze der Newton'schen Mechanik bei räumlichen oder zeitlichen Verschiebungen oder bei Drehungen um einen bestimmten Winkel.

Diese Transformationen fasst man zu Gruppen zusammen: Die Gruppe von Transformationen, unter denen die Phänomene der Newton'schen Mechanik unverändert bleiben, heißen

Galilei-Transformationen; die Newton'sche Mechanik bezeichnet man daher als *galilei-invariant*. Im Unterschied hierzu sind elektromagnetische Phänomene nicht galilei-invariant. Elektromagnetische Wellen wie Lichtstrahlen im Raum bewegen sich nämlich mit stets konstanter Geschwindigkeit, der Lichtgeschwindigkeit (ca. $3 \cdot 10^8$ m/s). Diese ist immer unabhängig von der Relativbewegung des Beobachters – ob er in einem Raumschiff unterwegs ist oder auf der Erde bleibt. Hier tritt an die Stelle der Galilei-Invarianz die sogenannte Lorentz-Invarianz. Die unauflösbare Verbindung zwischen Raum und Zeit, die mit der Lorentz-Invarianz gegeben ist, hat zur Folge, dass sich bei schnell bewegten Bezugssystemen Änderungen der Längen- und Zeitmaßstäbe ergeben: Körper, die sich mit annähernd Lichtgeschwindigkeit bewegen, werden kürzer; Uhren gehen langsamer.

Aus den so bestimmten Symmetrien und Invarianzen physikalischer Systeme wie der Galilei- oder Lorentz-Invarianz ergeben sich die sogenannten Erhaltungssätze. In der Newton'schen Mechanik folgt aus Invarianz unter Verschiebungen im Raum die Erhaltung des Impulses, aus Invarianz unter Drehungen im Raum folgt die Erhaltung des Drehimpulses, aus Invarianz gegenüber Zeitverschiebungen folgt die Erhaltung der Energie. Die Mathematikerin Emmy Noether hat allgemein nachgewiesen, dass jede Symmetrie eines physikalischen Systems zu einer Erhaltungsgröße führt. Die physikalischen Erhaltungssätze von Energie und Impuls und die Anforderungen von Symmetrie spielten auch bei der Entwicklung der Allgemeinen Relativitätstheorie Einsteins eine wesentliche Rolle, die die Gravitationskraft mit Krümmungen einer vierdimensionalen Raumzeit in Verbindung bringt.

Überlegungen zur Symmetrie waren in der Geschichte der Physik außerdem wichtig, als es darum ging, den Zoo von vielen verschiedenen Elementarteilchen zu systematisieren. Als im letzten Jahrhundert die großen Teilchendetektoren gebaut wurden, wurden die Zahlen der entdeckten Elementarteilchen immer unübersichtlicher. Neutronen und Protonen sind aus dem Physikunterricht bekannt – Neutrinos, Positronen oder gar Pi-Mesonen klingen dagegen exotischer. Symmetrieüberlegungen halfen dabei, den unübersichtlichen Dschungel zu lichten. Dazu suchte man nach Teilchen mit ähnlichen Eigenschaften wie ähnlicher Masse und ähnlicher Ladung und fasste diese in Gruppen zusammen. Diese Ähnlichkeiten drückte man mathematisch mit Symmetrieoperationen aus. Mittels dieser Operationen kann man in einem abstrakten „Teilchenraum" ein Teilchen in ein anderes überführen, z. B. ein Proton in ein Neutron und umgekehrt. Wie in der klassischen Mechanik bei diesen Symmetrien Erhaltungsgrößen auftreten (z. B. Energie oder der Drehimpuls), so findet man sie auch hier im subatomaren Bereich. Durch den Vergleich mit tatsächlich beobachteten Erhaltungsgrößen bei radioaktiven Zerfällen konnten diese Größen erklärt und neue Teilchen vorhergesagt werden, die tatsächlich entdeckt wurden. Auch die Erkenntnis, dass Protonen und Neutronen (die den Atomkern bilden) jeweils aus drei Quarks aufgebaut sind, ist das Ergebnis von Symmetrieüberlegungen. Man kann daher sagen, dass die Materie aus sechs verschiedenen Quarks sowie aus sechs verschiedenen Leptonen (von gr. *leptos* für „leicht", dazu zählen Elektronen und Neutrinos) bestehen.

Außer den Bausteinen der Materie gelang es außerdem, mit Symmetrieüberlegungen die zwischen ihnen wirkenden Kräfte zu verstehen. Die Physik kennt vier Grundkräfte, die in unserem Universum wirken: 1. Die elektromagnetische Wechselwirkung geht von elektrischen Ladungen, magnetischen Dipolen oder elektromagnetischen Feldern aus und wirkt auf geladene oder magnetische Körper. 2. Die starke Wechselwirkung bindet die Quarks aneinander und hält Hadronen (von gr. *hadros* für

„stark"), also Protonen und Neutronen und damit den Atomkern zusammen. 3. Die schwache Wechselwirkung verursacht den radioaktiven Betazerfall und kann dabei den Übergang von einer Teilchenart in eine andere bewirken (etwa Neutron zu Proton). Sie heißt „schwach", da sie um viele Zehnerpotenzen schwächer als die elektromagnetische Wechselwirkung ist. Zudem hat sie eine extrem kurze Reichweite. 4. Die aus der Alltagserfahrung bekannte Gravitation, auch Schwerkraft genannt, geht von Massen aus und wirkt auf andere Massen anziehend. Theoretisch wird diese durch die Allgemeine Relativitätstheorie beschrieben.

Um die Zusammenhänge der Kräfte zu verstehen, suchte man ähnlich wie bei den Teilchen nach Gruppen von Transformationen, unter denen die Wechselwirkungen zwischen den Teilchen unverändert blieben. Dabei macht man sich zunutze, dass jedes Teilchen auch als Welle beschreibbar ist (transformiert wird dann die Phase der Welle, die dem Teilchen durch die quantenmechanische Wellenfunktion zugeordnet wird). Um die Symmetrien der Systeme aus Elementarteilchen und ihren Wechselwirkungen unter diesen Transformationen zu beschreiben, werden mathematisch sogenannte Eichfelder eingeführt (ein Feld ist eine bestimmte Verteilung einer Größe über den Raum wie z. B. Energie). Diese entsprechen physikalisch den Kräften, die auf diese Teilchen wirken. Sie werden physikalisch durch weitere Teilchen, sogenannte Austauschbosonen (oder auch: „Eichbosonen") vermittelt. Diese Teilchen heißen so, da sie selbst nicht zu den Materieteilchen, den Fermionen, gehören. Mit solchen mathematischen Symmetrieüberlegungen gelang es den Physikern Abdul Salam und Steven Weinberg, die *elektro*magnetische Wechselwirkung und die *schwache* Wechselwirkung zu einer *elektro-schwachen* Kraft zusammenzufassen. Die ursprüngliche Symmetrie dieser Kraft wurde, wie man annimmt, kurz nach dem Urknall gebrochen, weswegen wir sie nicht mehr wahrnehmen.

Die Suche nach einer alle Kräfte vereinenden Grundkraft geht aber noch weiter. Man nimmt an, dass sich am Anfang des Universums alle Kräfte von einer gemeinsamen, symmetrischen Urkraft abgespalten haben, deren Symmetrie ebenfalls kurz nach dem Urknall gebrochen wurde. Wenn man sich das Universum am Beginn seiner Existenz unmittelbar als hochsymmetrisch vorstellt, dann bedeutet dies, dass zu Beginn des Universums Teilchen und Kräfte noch ineinander übergegangen sind und die Kräfte noch auf alle Teilchen in derselben Weise gewirkt haben. Diese angenommenen Symmetriebrechungen des Universums traten – ähnlich wie bei einem Ferromagneten, der sich spontan für bestimmte Vorzugsrichtungen entscheidet – bei Abkühlung ein, die mit der Expansion des Universums einherging, kurz nach dem Urknall innerhalb von Bruchteilen von Sekunden.

Apropos „*nach* dem Urknall“: Dass es eine zeitliche Abfolge überhaupt geben kann, erfordert die Brechung der Zeitsymmetrie, also dass die Zeit überhaupt eine Richtung hat. Diese ist, wie im letzten Kapitel beschrieben, mit der Zunahme der Entropie verbunden. Die Entropiezunahme geht seit Beginn des Universums mit seiner Ausdehnung einher. Die damals erfolgten Symmetriebrechungen hin zu unterschiedlichen Grundkräften betrafen erst die Gravitation, dann die starke Wechselwirkung, dann die elektroschwache Wechselwirkung. Diese Abspaltungen führten zu jeweils unterschiedlichen Stärken dieser Kräfte sowie zu unterschiedlichen Massen und Ladungen der Elementarteilchen (Quarks, die die Atomkerne bilden, Elektronen u. a.). Nach dem Urknall hätte es also viele Möglichkeiten gegeben, wie sich die Verhältnisse der Massen der Teilchen, ihrer elektrischen Ladung und der zwischen ihnen wirkenden Kräften hätten bilden können. Jedoch müssen die Kräfte und

Massen der Elementarteilchen in einem relativ eng umrissenen Verhältnis zueinander stehen, damit Leben, wie wir es kennen, überhaupt möglich ist. Hierzu mehr im nächsten Kapitel.

Spricht man in der frühen Phase des Universums von Symmetriebrechungen, beziehen diese sich nicht nur auf die Elementarkräfte und die Massen der Teilchen, sondern auch auf das Verhältnis von Materie und Antimaterie: Jedes Teilchen besitzt sein zugehöriges Antiteilchen, wie etwa das Elektron im Positron seinen „Anti-Partner" besitzt. Treffen Materie und Antimaterie aufeinander, löschen sie sich aus und zerstrahlen – sie werden in Energie umgewandelt. Nur einem geringen Überschuss von Materie gegenüber Antimaterie ist es zu verdanken, dass sich Materie und Antimaterie nicht vollständig gegenseitig ausgelöscht haben.

Ein weiteres wichtiges Beispiel von Symmetriebrechungen ist außerdem diejenige, die mit dem sogenannten „Gottesteilchen" zusammenhängt, dem Higgs-Teilchen (benannt nach dem Physiker Peter Higgs). Seinen Spitznamen „Gottesteilchen" erhielt dieses Teilchen durch ein Buch von Nobelpreisträger Leon Max Lederman. Dieses sollte ursprünglich unter dem Titel *Das gottverdammte Teilchen* veröffentlicht werden, womit man die verzweifelte und damals noch erfolglose Suche nach ihm ausdrücken wollte. Aus diesem Begriff entstand später die etwas vornehmere Formulierung. Nach diesem Teilchen wurde deshalb so intensiv gefahndet, da es die Existenz des sogenannten Higgs-Feldes beweist; und dieses ist dafür verantwortlich, dass die elementaren Teilchen eine Masse besitzen. Diese Massenvergabe setzt voraus, dass die Symmetrie des sogenannten Higgs-Potentials gebrochen wird.

Potentiale sind in der Physik Energieverteilungen, die zu verstehen helfen, wie sich ein System bewegt – es strebt nämlich immer einem Potentialminimum, also einem Zustand geringster Energie zu, wie ein loser Stein, der im Gebirge erst im Tal ganz zur Ruhe kommt. Aufgrund seiner mathematischen Form wird das Higgs-Feld oft mit dem Boden einer Sektflasche mit einer Wölbung in der Mitte verglichen: Legt man eine Kugel in die Mitte, sucht sich das System einen Zustand minimaler Energie aus, und die Kugel rollt daher in die Kerbe am Sektflaschenboden. Es lässt sich jedoch nicht vorhersagen, an welcher Stelle an der Kerbe die Kugel landet, wenn man sie vorher genau auf der Mitte platziert. Somit wird die ursprüngliche Symmetrie (mit der Kugel genau in der Mitte) spontan zugunsten eines Zustands mit geringerer Symmetrie (mit der Kugel an einem Punkt in der Kerbe) gebrochen.

Auch diese Symmetriebrechung des Higgs-Feldes hat kurz nach dem Urknall stattgefunden, nachdem sich das Baby-Universum bereits abgekühlt hatte. In der mathematischen Beschreibung hat diese Symmetriebrechung zur Folge, dass das Higgs-Feld an die Teilchen „koppeln" kann, es bremst sie also aus wie eine zähe Honigmasse, durch die sich die Teilchen nur schwer bewegen können. Dieser Widerstand wird als Masse interpretiert, die wir im Alltag unter dem Einfluss der Gravitation als Gewicht wahrnehmen. Wenn Sie also das nächste Mal auf der Waage stehen und sich fragen: „Woher kommt die Masse?", dann haben Sie nun im Higgs-Feld den eigentlich Verantwortlichen gefunden. Aufgrund der vom Teilchenbeschleuniger LHC (Large Hadron Collider) in Genf im Jahr 2012 gelieferten Ergebnisse, die die Eigenschaften des erwarteten Higgs-Teilchens bestätigten, gilt die Existenz dieses Higgs-Feldes als so gut wie gesichert.

Auch die weitere Entwicklung des Kosmos ist davon gekennzeichnet, dass eine ursprüngliche Symmetrie des Raumes in eine Asymmetrie übergeht. Die erwähnten energetischen Fluktuationen im Raum entpuppen sich quasi als Kondensationskeime für Materieklumpen, die wiederum am Beginn der Entwicklung von Sternen, Galaxien und Planeten stehen.

Damit wird auf makroskopischer Ebene die Raumsymmetrie gebrochen und ein weiterer Schritt von vielen möglichen Universen zum Ist-Universum herbeigeführt. Ohne solche gravitativen Ballungen wären keine Sterne entstanden, die mit ihrer immensen Dichte Atomkerne fusionieren und so die schweren Elemente erzeugen und diese in Supernovae wieder in das Universum herausschleudern. Somit entstehen wieder neue intergalaktische Materiewolken, aus denen wieder neue Generationen von Sternen hervorgehen. Wenn intergalaktische Wolken aus Materie ab einer kritischen Masse unter ihrer eigenen Schwerkraft zusammenbrechen, bilden sich um deren gravitative Ballungszentren herum sogenannte Akkretionsscheiben. Auf diesen kreist die aus den kollabierenden Wolkenbruchstücken hervorgegangene Materie und wird dabei unter dem Einfluss von Zentrifugalkraft, Gravitation und Reibung sowie durch magnetische Felder zum großen Teil in Richtung des neu entstehenden Sterns gelenkt und lagert sich an diesen an. Der verbleibende Teil bildet die Planeten. Unser Stern, die Sonne, ist einer von 100 bis 300 Milliarden Sterne ihrer Galaxie, der Milchstraße. Diese ist wiederum eine von unzähligen Galaxien, die sich wiederum zu unzähligen „Superhaufen" gruppieren. Es liegt auf der Hand, dass diese unvorstellbaren Zahlen von Sternen und Planeten zu Spekulationen über die Wahrscheinlichkeit außerirdischen Lebens Anlass geben. In den letzten Jahrmilliarden Jahren jedenfalls wurde die Erde zum Schauplatz der Entstehung des uns bekannten Lebens.

Die Geschichte des Kosmos bis zum Leben, vom Urknall bis hin zum Menschen, lässt sich also insgesamt verstehen als eine Abfolge von Realisierungen von Möglichkeiten, die potenziell von Anfang an im Kosmos angelegt sind, deren Eintreten jedoch keinesfalls selbstverständlich ist. Manchmal können die realisierten Möglichkeiten wie extrem unwahrscheinliche und krumme Verästelungen auf dem Baum der Möglichkeiten angesehen werden. Religiös gedeutet können wir genau diesen Vorgang als Schöpfung verstehen, wenn wir ihn als genau so gewollt ansehen.

Die Bibel wird hierzu noch ausführlicher zu Wort kommen. An dieser Stelle sei statt des Schwenks zu Bibeltexten zum Abschluss ein Blick in die bildende Kunst gestattet. Sehr eindrucksvoll nämlich bringt der litauische Maler Mikalojus Konstantinas Čiurlionis mit seinem Bildzyklus „Erschaffung der Welt" den Gedanken realisierter Möglichkeiten ins Bild – besonders mit Bild Nr. 9 aus diesem Zyklus: Blumenartige Gebilde strecken sich von ihrem Grund aus auf sehr unförmig scheinenden Bahnen nach oben und fügen sich dort ein in eine immer feiner verästelte Struktur, die wie ein feines Netzgewölbe einer Kathedrale erscheint. Von unten nach oben lässt sich also sehr schön eine immer stärker reduzierte Symmetrie ablesen – und damit eine immer günstigere Ordnung für Lebendiges. Wie die Naturwissenschaften und die Bibel über diese aus dem Chaos gewachsene, ihm abgerungene Ordnung und Struktur ins Gespräch kommen können, schauen wir uns im nächsten Kapitel näher an.

7. Dem Chaos abgetrotzt: Ordnung und Leben

Wir haben gesehen: Unser Universum hat sich aus einem anfänglichen (symmetrischen) Zustand heraus entwickelt, aus dem sich genauso unendlich viele andere Zustände als der jetzige hätten entwickeln können. Das müsste uns nicht weiter kümmern oder wir könnten uns vielleicht darüber ärgern, dass uns ein Universum mit etwa zehnfach geringerer Gravitationskraft ein weit unbeschwerteres Leben ohne Angst vor auf den Kopf fallenden Ziegelsteinen ermöglicht hätte. Jedoch trat im letzten Jahrhundert an die Stelle solcher Gedankenspiele die Erkenntnis, dass unser Universum kaum eine andere Wahl für die Einstellung seiner Grundkräfte gehabt hätte, wenn es das uns bekannte Leben hervorbringen soll. Man spricht daher vom „feinabgestimmten Universum". Wäre nämlich die Gravitation zu schwach, könnte sich Materie nicht zu Sternen und Galaxien zusammenballen. In diesem Fall wäre die Erde als Schauplatz der Entstehung des Lebens nie erwachsen. Ohne eine hinreichend starke Gravitation würde das Universum möglicherweise gänzlich ins Unendliche hinein ausdünnen; einzelne Materieteilchen würden kontaktlos umherfliegen. Wäre die Gravitation dagegen zu groß, bestünde die Gefahr, dass das ganze Universum in sich zusammenfällt. Zwischen diesen beiden Szenarien von Ausdünnung und Kollaps des Universums bleibt nur ein kleiner Korridor, in dem sich auch unser Universum befindet.

Ähnliche Aussagen kann man über die anderen Wechselwirkungen machen: Wäre die elektromagnetische Wechselwirkung gegenüber der starken Wechselwirkung zu groß, könnten Kerne aufgrund deren elektromagnetischer Abstoßung nicht fusionieren. Es würden sich keine Sterne bilden, und es könnten keine schweren Elemente entstehen. Würde man die starke

Wechselwirkung zwischen den Bausteinen der Atomkerne nur geringfügig verändern, wäre der Wasserstoffhaushalt im Universum und die Möglichkeit zur Kernfusion in den Sternen wie der Sonne beeinträchtigt. Der Wasserstoffvorrat hängt außerdem von einer geeigneten Stärke der schwachen Wechselwirkung ab – denn ihre Stärke bewirkt den Zerfall von Neutronen zu Protonen (das häufigste Isotop von Wasserstoff besteht aus einem Proton und einem Elektron). Würde der Wasserstoff der Sonne im Fall einer zu hohen starken Wechselwirkung zwischen den Atomkernen zu schnell fusionieren, bliebe einem Planeten wie der Erde zu wenig Zeit, Leben hervorzubringen. Für lebendige Strukturen braucht es genügend Kohlenstoff und Sauerstoff. Kohlenstoffatome zeichnen sich etwa durch besonders vielfältige Bindungsmöglichkeiten aus, so können sie sich beispielsweise zu Ringen zusammenschließen. Diese Bindungen sind sehr stark und in Wasser unlöslich. Kohlenstoff ist daher für die Bildung komplexer Strukturen im Wasser besonders geeignet. Jedoch können Kohlenstoff und Sauerstoff durch Kernfusion aus leichteren Elementen nur innerhalb eines eng umgrenzten Größenbereichs der starken Wechselwirkung gebildet werden.

Weitere Überlegungen zu anderen Naturkonstanten (wie der sogenannten *kosmologischen Konstanten*) führten zur Erkenntnis, dass sich unser expandierendes Universum nur auf einem schmalen Grat des Gleichgewichts zwischen Expansionsenergie einerseits und Gravitation andererseits bewegt, auf dem Materie kondensieren kann. In allen anderen Fällen würde das Universum entweder in sich zusammenfallen oder unendlich ausdünnen.

Zusammengefasst: Unser Universum befindet sich inmitten der Menge der Universen, die möglich gewesen wären, wie in einer kleinen fruchtbaren Oase inmitten einer riesigen, lebensfeindlichen Wüste. Man mag sich jetzt verwundert die Augen reiben oder einfach nur froh über diesen Umstand sein. Im gegenteiligen Fall jedoch wäre jedoch auch niemand hier, der feststellen könnte: „Mit unserem Universum haben wir also leider Pech gehabt." Auch ohne physikalische Überlegungen ist von vornherein klar: Die Tatsache, dass es uns gibt, bedeutet logischerweise, dass alle Voraussetzungen dafür erfüllt sind, dass es uns gibt – so kompliziert sie auch sein mögen. Dennoch: Der seltsame Umstand, dass der Kosmos wie für das Leben oder gar speziell für den Menschen gemacht zu sein scheint, bewegt die Gemüter und wird unter dem Begriff *„anthropisches Prinzip"* diskutiert (vom griechischen Wort für „Mensch": *anthropos*).

Der Philosoph John Leslie vergleicht dieses Rätsel mit folgendem Szenario: Ein zum Tode Verurteilter soll an einem Pfahl gebunden hingerichtet und auf ein Kommando von mehreren Schützen gleichzeitig erschossen werden. Er hört die Gewehre knallen und stellt fest, dass er immer noch am Leben ist. Eine mögliche und naheliegende Erklärung für dieses überraschende Ergebnis ist eine dahinterstehende Absicht, ein Wille, der zu einer Absprache der Schützen untereinander geführt hat. Als andere Erklärung bleibt ein – aus Sicht des Verurteilten glücklicher und aus Sicht der Schützen dummer – Zufall.

Das klingt zunächst einmal sehr unwahrscheinlich und weit hergeholt. Diese Unwahrscheinlichkeit wird jedoch dann abgeschwächt, wenn man dieses Szenario als eines aus einer großen Zahl von ähnlichen, jedoch nicht so glücklich verlaufenen Ereignissen verstehen kann. Das heißt: Möglicherweise ist an vielen anderen Stellen auf der Welt gerade dieselbe Szene passiert, und unser glücklich Davongekommener hat mit seinem etwas speziellen Schützenverein einfach mehr Glück gehabt als seine Pendants. Vielleicht müssen die anderen „Parallelszenen" gar nicht auf der Erde stattgefunden haben, sondern möglicherweise auch auf anderen Planeten – oder gar in parallelen Universen, vielleicht sogar in unendlich vielen. Unser

Davongekommener hätte dann in seinem Universum schlicht den Sechser im Lotto gezogen, und man wundert sich schließlich auch nicht darüber, dass irgendjemand beim Lottospielen gewinnt. Der Haken an diesem Vergleich ist nur: Der „Gewinner" in unserem Fall weiß überhaupt nichts davon, dass er sich ein Los gekauft und an einem Lotteriespiel teilgenommen haben soll. Und selbst wenn dem so wäre, könnte er nicht nachprüfen, ob es außer ihm tatsächlich andere Teilnehmer gibt, die weniger Glück hatten als er.

Übertragen auf unser lebensfreundliches Universum: Es könnte sein, dass unser Universum eines von sehr vielen, vielleicht sogar von einer unendlichen Auswahl ist, welches gerade die richtigen Naturkonstanten und Kräfteverhältnisse aufweist. Diese sogenannte Multiversentheorie, (*multi* steht für „viele", d. h. „viele Universen") bleibt jedoch Spekulation, da wir die Existenz anderer Universen nicht nachprüfen können. Zudem lässt eine solche Spekulation die Frage offen, woher diese unterschiedlichen Universen mit unterschiedlichen Kräfteverhältnissen und Naturkonstanten kommen sollen.

Also ist die Annahme eines Schöpfergottes, der ein lebensfähiges Universum wollte, doch die plausibelste Erklärung? Diese Annahme scheint zwar naheliegend; mit solchen Gedankenspielen jedoch die Existenz eines Schöpfers *beweisen* zu wollen, würde zu weit gehen. Diese Denkrichtung ist unter dem Namen „Intelligent Design" bekannt. Sie behauptet, dass komplexe Lebensformen im Kosmos schlicht nicht erklärbar seien ohne die Annahme, dass hier ein intelligenter Designer am Werk gewesen sein *müsse*.

Diese Argumentation scheitert jedoch letztlich daran, dass es sich bei der Erklärung der Koinzidenz durch einen Schöpferwillen immer noch um eine Deutung, nicht jedoch um eine naturwissenschaftliche Schlussfolgerung handelt, die die Rede vom „*müssen*" rechtfertigen würde. Es gibt nämlich auch grundsätzliche Einwände gegen die Vorstellung eines „fein abgestimmten“ Universums, etwa dass sie andere Möglichkeiten zur Entstehung von Leben von vornherein ausblendet. Statt Kohlenstoff hätte sich unter anderen Umständen vielleicht ein anderes Element wie z. B. Silizium als Grundlage für die Bildung von Leben herauskristallisieren können. Außerdem wird manchmal bestritten, dass die möglichen Parameterbereiche, die für die Entstehung des Lebens zulässig sind, tatsächlich so klein sind, wie es die Vertreter dieser sogenannten „Feinabstimmung“ annehmen. Trotz aller Einwände bleibt die Frage, warum das Universum für den Menschen wie gemacht scheint, ein weiterhin spannendes Rätsel.

Bis hierher zusammengefasst: Dass es überhaupt Leben, wie wir es kennen, geben kann, erfordert eine ganz bestimmte „Werkeinstellung“ des Universums. Dass sich auf einem Planeten wie der Erde dann auch Leben tatsächlich entwickelt, ist damit jedoch noch nicht ausgesagt. Unter anderem ist für eine weitere produktive, lebensförderliche Entwicklung auf der Erde das in Kapitel 4 beschriebene Zusammenspiel von Zufall und Notwendigkeit unumgänglich. Auf der einen Seite dieses Zusammenspiels stehen zufällige Mutationen, sprich Abschreibefehler bei der Reproduktion von Molekülen, auf der anderen Seite feststehende physikalische Gesetze und ein bestimmter Selektionsmechanismus, also ein Vorgang, bei dem sich unter gegebenen Rahmenbedingungen die stabilsten und leistungsfähigsten Strukturen durchsetzen. Auf diese Weise entstehen immer komplexere und strukturiertere Systeme, und dies schon lange bevor es überhaupt Lebewesen gibt.

Ein solcher Selektionsprozess fand bereits bei primitiven molekularen Systemen statt. Experimente in den 1950er Jahren versuchten nachzubilden, wie diese molekularen Systeme in der Frühphase der Erde in der Atmosphäre entstehen konnten. Hierzu simulierte der junge Chemiestudent Stanley Lloyd

Miller gemeinsam mit dem Chemiker Harold Clayton Urey in einem berühmten Experiment eine Art Mini-Atmosphäre, wie sie in der frühen Erdphase wahrscheinlich zusammengesetzt war: aus Methan, Ammoniak, Kohlendioxid, Stickstoff, Wasserstoff und Wasserdampf. Mit elektrischen Impulsen simulierten sie außerdem elektrostatische Entladungen, die man aufgrund von Staubwolken in der frühen Atmosphäre vermutete. Dabei synthetisierten sich wichtige organische Verbindungen, darunter zehn der zwanzig biologisch besonders wichtigen Aminosäuren. Mit den so entstandenen organischen Verbindungen – wenn sie nicht durch Kometen von anderen Orten aus dem Weltraum auf die Erde gelangt waren – war der Startschuss für eine Evolution auf molekularer Ebene gegeben, noch lange bevor die ersten lebendigen Zellen auftraten.

Eine solche molekulare Evolution beruht – ähnlich wie später bei den Lebewesen – auf folgenden Voraussetzungen: Erstens müssen die Moleküle instabil sein, also eine begrenzte Lebensdauer haben. Zweitens müssen sie sich selbst reproduzieren, sie müssen somit eine Art Kopiermechanismus entwickeln. Und drittens darf diese Kopie nicht immer perfekt sein, es müssen hin und wieder Fehler auftreten. So entstehen die Mutationen der Moleküle, wie wir es als Hobbyvirologen in der Corona-Pandemie auch bei den Viren zur Genüge gelernt haben. Manche mutierte Moleküle können sich effizienter reproduzieren und erfolgreicher gegen andere durchsetzen. Im Wasser und unter Energiezufuhr durch Sonneneinstrahlung bilden sich Molekülketten, die immer komplexer werden und einen Reproduktionsmechanismus entwickeln. Prozesse von Selbstorganisation und Arbeitsteilung von Molekülen spielen sich ab, sodass diese zusammen immer komplexere Systeme bilden, die sich immer erfolgreicher reproduzieren können.

Wie aber können komplexe Systeme mit einer inneren Ordnung überhaupt von selbst entstehen? Haben wir nicht gelernt, dass die Entropie, die Unordnung insgesamt zunehmen muss? Mit dieser Vorgabe ist die Entstehung komplexer und geordneter Systeme nur so zu erklären, dass sie kleinen geordneten Inseln inmitten eines großen Ozeans von immer größerer Unordnung gleichen. Diese geordneten Inseln geben ihre Entropie an den sie umgebenden Ozean ab. Somit wird der Zweite Hauptsatz der Thermodynamik nicht verletzt. Das erfordert, dass sie von außen Energie aufnehmen und sich so mit ihrer Umgebung in einem thermodynamischen Ungleichgewicht befinden. In Experimenten kann auch für das bloße Auge sichtbar gemacht werden, wie solche sogenannten *dissipativen Systeme* Ordnung und Selbstorganisation aufweisen. Ein Beispiel ist die sogenannte thermische Konvektion: Werden Gase oder Flüssigkeiten einseitig erhitzt, bringt man sie also in ein thermisches Ungleichgewicht, bildet sich zum Wärmetransport eine sichtbare, regelmäßige Struktur. Eindrucksvolles Beispiel für eine sichtbare Selbstorganisation sind die Bénard-Zellen oder sogenannte chemische Uhren. Diese zeigen aufgrund der Temperaturdifferenz einen sichtbar getakteten Reaktionszyklus und damit einen regelmäßigen Farbenwechsel auf.

Mit solchen Selbstorganisationen können Übergänge zu höheren Komplexitätsstufen, d. h. zu Systemen mit höherer Struktur und höherer Ordnung verbunden sein. Woran man genau eine höhere Ordnung und damit verbunden eine höhere Komplexität erkennt, lässt sich schwer eindeutig sagen und hängt immer von dahinterstehenden *Ordnungsparametern* ab. Ein Kinderzimmer, auf dem überall Spielsachen auf dem Boden liegen, kann auf den ersten Blick sehr unaufgeräumt erscheinen; wenn die Spielsachen jedoch nach ihrem Namen alphabetisch auf dem Boden aneinanderliegen, kann man ihrem Besitzer eigentlich keine Schlamperei vorwerfen.

Oft wird in diesem Zusammenhang, wenn von einem Übergang in eine höhere Komplexitätsstufe die Rede ist, von einem

Hinzugewinn an *Information* gesprochen. Man stelle sich vor, einzelne Moleküle repräsentieren Buchstaben, und diese tun sich zufällig so zusammen, dass auf einmal ein Text entsteht, etwa wie eine große Anzahl von Buchstabensuppennudeln, die nach langem Schütteln der Packung einen Text mit Bauanleitungen für komplizierte Maschinen bilden. Die schiere Größe eines solchen Zufalls und dessen Unwahrscheinlichkeit werden mit den unvorstellbaren Zeiträumen wettgemacht. Es sind Jahrmilliarden, in denen sich durch das unaufhörliche Wirken des Zufalls aus einzelnen Buchstaben Texte mit Bedeutung zusammensetzen können. Diese Bedeutung hat allerdings nur für einen „Beobachter" auf einer höheren Ebene als der molekularen Ebene einen Sinn. Wie es scheint, geht jedoch mit diesem „Informationsgewinn" ein gewisser „Drive" von der niedrigeren zur höheren Ebene einher. Dieser „bewirkt", dass sich die Bestandteile der niedrigeren Ebene gemäß der gewonnenen Information zu einer neuen Struktur zusammentun, sodass der Sinn dieser Information auf der höheren Ebene verwirklicht, vielleicht sogar selbstreflexiv erkannt werden kann. Eine nächsthöhere Komplexitätsstufe ist aus der niedrigeren in ihrer genauen Gestalt nicht vorhersehbar. So lassen sich die Komplexitätsstufen auch bei der evolutiven Entstehung des Lebens nicht aus den niedrigeren vorausberechnen. Sie sind in ihnen potenziell angelegt, als eine Möglichkeit, und werden realisiert durch ein Zusammenspiel von festen Rahmenbedingungen – wie den zwischen den Molekülen wirkenden Kräften – und zufälligen Mutationen.

Indem diese Prozesse so die Basis von immer neuen Komplexitätsstufen liefern, bilden sie auch das Sprungbrett von chemischen zu biologischen Systemen. Diesen Sprung kann man an die Entstehung der ersten lebendigen Zellen knüpfen. Allen Lebensformen gemeinsam, von der Zelle angefangen, ist ein physikalisches Kriterium: Lebendige Systeme nehmen Energie von ihrer Umgebung auf, mit der sie eine innere Ordnung aufrechterhalten. Für das Funktionieren der Körperfunktionen des Menschen bedarf es einer bestimmten Körpertemperatur, die durch regelmäßige Energiezufuhr aufrechterhalten wird. Ohne Energiezufuhr würde die Versorgung des Gehirns und anderer Organe mit Sauerstoff zusammenbrechen. Unser Körper ist also rund um die Uhr damit beschäftigt, seine Funktionen in Gang zu halten. Dazu muss er all das, was wir als Zeichen und Merkmale seiner Lebendigkeit wahrnehmen, gegen das Umsichgreifen zunehmender Unordnung absichern, gegen den physikalisch gegebenen Drang der Natur, dass Ungleiches wieder auf Gleichheit, Geringersymmetrisches auf Symmetrisches gebracht werden soll. Tote Systeme hingegen werden dem Erdboden gleich und stellen gegebenenfalls ihre lebenswichtigen Spurenelemente wieder für die Entstehung neuen Lebens aus dem Erdboden bereit. Lebendige Systeme stehen damit mit ihrer Umgebung in einem thermodynamischen Ungleichgewicht, während tote Systeme ihre Energie an ihre Umgebung abgeben; sie gehen ins Gleichgewicht mit ihrer Umgebung.

Dieses Ankämpfen von Lebensformen gegenüber äußerer Unordnung, ein Verteidigen und Absichern seiner Funktionen lässt sich auf unterster Ebene bei den Zellen beobachten: Zellen sind charakterisiert durch eine Zellmembran, welche das Zellinnere von der Umgebung abgrenzt. Bei Pflanzenzellen geschieht dies zusätzlich durch eine Zellwand, die sie vor Umwelteinflüssen schützt und zugleich ihre Ausdehnung definiert, zudem durch Stoff- und Energieaustausch mit der Umgebung. Ebenso haben sie die Fähigkeit zur Reproduktion. Hierfür sind Nukleinsäuren (DNA und RNA) als informationstragende Moleküle erforderlich. Die DNA wird unmittelbar vor der Zellteilung reproduziert und an die Tochterzellen weitergegeben.

Wie vorhin bei der molekularen Buchstabensuppe wird bei lebendigen Systemen auch die über Jahrmilliarden angesammelte „lebensförderliche Information" an die nächsthöheren Komplexitätsebenen weitergereicht – man könnte auch in biblischer Sprache sagen: eine „Weisheit", die für das weitere Fortbestehen und die evolutive Weiterentwicklung der Systeme förderlich ist. Der genetische Code, den die Zellen in sich tragen, gibt Auskunft über den ganzen Organismus, dem die Zelle angehört, und welche Funktion die Zelle in diesem ausübt. Die Zellen „wissen" also um ihre Aufgabe im Organismus: sich zu teilen und zu differenzieren, mit ihrer Teilung einen ganzen Organismus wachsen zu lassen und ihm seine Form zu geben, ob bei der Entstehung eines Blattes oder beim Wachstum eines Embryos, und darin ihren Platz und ihre ganz spezielle Funktion einzunehmen. So „wissen" auch die Zellen des menschlichen Embryos, wie sie beim Wachstum ihre anfängliche Symmetrie brechen müssen, nämlich zugunsten einer Unterscheidung von oben und unten, von dorsaler und ventraler Seite sowie zwischen links und rechts. Dass die inneren Organe asymmetrisch sind und das Herz bei den allermeisten Menschen nicht „am rechten Fleck", sondern links sitzt, kann man wiederum als eine Form von Symmetriebrechung verstehen.

Zusammenfassend kann hier über den Zusammenhang von Leben und Ordnung gesagt werden:

1. Leben verlangt eine bestimmte – geringersymmetrische – Ordnung und Struktur, die einem insgesamt lebensfeindlichen – höhersymmetrischen – Umgebung abgerungen wird. Lebendige Systeme geben immer Entropie an ihre höhersymmetrische Umgebung ab, die immer größerer Unordnung zustrebt. Sie halten so eine innere niedersymmetrische Ordnung und Struktur aufrecht.

2. Leben verlangt ein günstiges Zusammenfallen entscheidender physikalischer Parameter. Dieses mutet inmitten der unzähligen Möglichkeiten, wie die dahinterstehenden

Symmetriebrechungen hätten ausfallen können, wie ein fruchtbarer Fleck inmitten einer unfruchtbaren Wüste an.

3. Darüber hinaus müssen auf einem Planeten selbst – mit dem richtigen Abstand von seinem Stern, den richtigen Temperaturen und geologischen Grundlagen – die Voraussetzungen für die Entstehung von Leben gegeben sein. Auch die Erde war über weite Phasen ihrer Existenz Schauplatz von Meteoriteneinschlägen, von tosenden Unwettern und Überschwemmungen; es herrschten unwirtliche Temperaturen und lebensfeindliche atmosphärische Bedingungen.

Die Bibel als eine mögliche Gesprächspartnerin hat nun lange geduldig zugehört – kann sie aus ihrem Erfahrungsschatz aus ihren längst vergangenen Welten jedoch etwas Sinnvolles zum Gespräch beitragen? Obwohl biblische Verfasser die Begriffe Ordnung und Unordnung nur dem Augenschein nach fassen konnten, scheint ihnen der fundamentale Zusammenhang zwischen Ordnung und Leben nicht fremd gewesen zu sein. Was biblische Schöpfungstexte gemeinsam haben, ist das Staunen über das Leben in seinen vielfältigen Formen. Leben wird in diesen Texten als etwas verstanden, das – ähnlich wie im modernen Sinne das Niedersymmetrische und Geordnete dem Höhersymmetrischen und Richtungslosen – den chaotischen Urzuständen und Urmächten immer wieder neu abgerungen werden muss.

In den ältesten Schöpfungstexten, so etwa in manchen Psalmen, spiegelt sich die uralte Vorstellung von Gott als einem Kämpfer gegen das Chaos wider. Damit hängt das in den Psalmen typische Bekenntnis zusammen, dass der Schöpfergott zugleich als König der Schöpfung deren fortdauernder Bewahrer und Garant des Lebens ist. Man spricht daher von der kontinuierlichen Schöpfung (*creatio continua*). Biblischen Verfassern scheint damit bewusst gewesen zu sein, dass das Ungeordnete und Chaotische der eigentlich „normale" und selbstverständlichere Zustand ist, der sich quasi „von allein" ergibt – wie wir es von Kinderzimmern und unseren Schreibtischen her kennen. Das Geordnete und Lebensfähige ist dagegen nicht selbstverständlich und bedarf einer Erklärung. Die Charakterisierung von JHWH als Schöpfer und fortdauernder Bewahrer der Welt geht mit der Vorstellung von der Erde als Eigentum des Gottes Israels einher, der als Sieger über die Chaosmächte das Königtum über die Erde errang. Als ihr Besitzer und König bewahrt JHWH die Erde fortwährend vor den sie bedrohenden chaotischen Mächten, so in dem sehr alten Psalm 93:

1 *JHWH hat die Königsherrschaft angetreten,*
mit Majestät bekleidet,
bekleidet ist JHWH,
und hat sich mit Macht umgürtet.
Fest gegründet ist die Erde,
sie wankt nicht.
2 *Fest steht dein Thron von jeher.*
Seit Ewigkeit bist du.

3 *Es erhoben die Ströme, JHWH,*
es erhoben die Ströme ihre Stimme,
es erhoben die Ströme ihr Brausen.
4 *Mehr als das Tosen mächtiger Wasser,*
gewaltiger als die Brecher des Meeres
ist gewaltig JHWH in der Höhe.

5 *Deine Zeugnisse sind verlässlich,*
deinem Haus gebührt Heiligkeit,
JHWH, für die Dauer der Tage.

Unter einem majestätisch gekleideten König stellt man sich – vor allem im Zeitalter parlamentarischer Monarchien – einen recht gemütlichen älteren Herrn vor, der an Festtagen seine bereits etwas staubig gewordene Garderobe aus Samtrobe, Samthandschuhen und Diademkrone ausführt. Diese Vorstellung hat jedoch nichts mit dem „mit Majestät bekleideten" und „mit Macht umgürteten" König JHWH des Psalms zu tun. Der nämlich tritt kampfbereit mit einer Kriegsausrüstung auf, um seinen Gegnern Einhalt zu gebieten. Bei diesen handelt es sich um chaotische Mächte, die nicht davon ablassen, das von JHWH in Besitz genommene Königreich, nämlich die geschaffene und geordnete Welt, zerstören zu wollen.

Wahrscheinlich standen für diese Vorstellung sehr alte kanaanäische Mythen Pate, nach denen ein göttlicher Krieger die Königsherrschaft erwirbt, indem er gefährliche Chaoswesen besiegt. In Ugarit, einem antiken Stadtstaat im heutigen Syrien, erzählten Mythen vom siegreichen Kampf des Wettergottes Baal gegen den Meeresgott. Mit ugaritischer Literatur hat der Psalm die stufenförmige Steigerung gemeinsam, wie sie in Vers 3 und Vers 4 erkennbar ist: In diesen schwellen die Fluten, gemeint also die lebensfeindlichen chaotischen Kräfte, fast hörbar immer mehr an, bis sie vom Gott JHWH in die Schranken verwiesen werden. Dieser Vorgang wird im Hebräischen nicht als vergangen, sondern als weiterhin gegenwärtig beschrieben.

Dies zeigt: Trotz ihrer urzeitlichen Niederlage bäumen sich die chaotischen Kräfte immer wieder auf. Die unangreifbare Königsherrschaft JHWHs garantiert die Stabilität der Erde als Lebensraum für den Menschen; seine unbesiegbare Macht hält alle Bedrohungen der Weltordnung fortwährend im Zaum. Zeichen für seine fortwährende Gegenwart ist das in Vers 5 genannte Haus – höchstwahrscheinlich ist der Jerusalemer Tempel gemeint, in dem der König residiert. Psalm 93 ist damit ein besonders eindrucksvolles Beispiel für *Kosmo-Theologie* Diese gibt auch heutigem Wissen über das Leben eine theologische Deutung: Sie erkennt in der Entstehung und Bewahrung von Leben eine gewollte Aufrechterhaltung einer Ordnung, die davor beschützt bleiben muss, dem um sich greifenden Chaos anheimzufallen. Hierzu ist auch der Mensch aufgefordert, seinen Beitrag zu leisten. Der Gedanke, dass der Schöpfer der Welt ein gerechtes und segensvolles Regiment über seine Schöpfung führt, hat zur Folge, dass allen Menschen und Geschöpfen eine unveräußerliche Würde zukommt. Dem Menschen kommt die Aufgabe und Verantwortung zu, für die Würde seiner Mitmenschen und Mitgeschöpfe einzutreten und damit seiner Rolle als Vermittler des göttlichen Regiments gerecht zu werden.

Das Gespräch zwischen Naturwissenschaften und dem Psalm wie auch mit vielen anderen Texten besitzt also trotz aller Unterschiedlichkeit in Sprache und Kultur eine gemeinsame Basis: Das Leben bewegt sich auf engen Bahnen oder wie auf einem schmalen, nach allen Seiten hin abschüssigen Berggrat. Trotz dieser allseitigen Bedrohung von lebensbedrohlichem Chaos zeigt das Leben auf der Erde eine beeindruckende Vielfalt und Redundanz, welche sich in mannigfach vernetzten und hochkomplexen Ökosystemen widerspiegeln. Hierzu gehören Wälder, die in einem sensiblen ökologischen Gleichgewicht als Wasserspeicher, Nahrungs- und Sauerstofflieferanten und Lebensräume unzähliger Tierarten dienen. Das Wattenmeer ist als Biotop von unzähligen Meerestieren Nahrungslieferant für Tausende von Zugvögeln, die sich bei einem Zwischenstopp ein Vielfaches ihres Körpergewichts als Proviant für den Weiterflug anfressen.

Die Vielfalt des Lebens ist abhängig von einem keineswegs selbstverständlichen, sensiblen Gleichgewicht der Lebensformen untereinander. Auch ohne unser heutiges naturwissenschaftliches Wissen verfügten die biblischen Verfasser über diese Erkenntnis. Mit der Art der Literatur, die sie für die

Beschreibung dieser Zusammenhänge wählten, brachten sie zugleich die Haltung zum Ausdruck, mit der sie sich den vielfältigen Formen des Lebens annäherten: eine Haltung des Staunens und Dankens. So macht etwa der Verfasser von Psalm 104 am Ende dieses Lobpreises deutlich, dass er ein in poetische Sprache gekleidetes Lob des Schöpfers für die angemessene Form hält, von Schöpfung zu sprechen und seinem Staunen über die Natur Ausdruck zu verleihen:

33 *Singen will ich dem Herrn in meinem Leben.*
Spielen will ich meinem Gott in meinem Dasein.
34 *Möge ihm meine Lobrede gefallen.*
Ich selbst will mich erfreuen an JHWH.

In dem zuvor gesungenen Lied bringt er das Miteinander der Lebewesen bis hin zum Menschen mit den sie versorgenden Lebensräumen und Nahrungskreisläufen zum Ausdruck, genauso wie die ausgeklügelte Wasserversorgung der Welt mit der Urflut und daraus gespeisten Quellen und Bächen. Ebenso stellt er dar, wie die Zeitabläufe der Natur auf die jeweiligen Bedürfnisse der Lebewesen abgestimmt sind.

6 *Urflut hat sie bedeckt wie ein Kleid,*
auf den Bergen standen die Wasser.
7 *Vor deinem Drohen flohen sie,*
vor der Stimme deines Donners eilten sie fort –
8 *sie stiegen auf in die Berge und fuhren hinab in die* Täler
an den Ort, den du für sie gegründet hast.
9 *Eine Grenze hast du gesetzt, die sie nicht überschreiten –*
sie kehren nicht zurück, um die Erde zu bedecken.

10 *Der Quellen entsendet in die Bachtäler –*
zwischen den Bergen eilen sie dahin.

11 *Sie tränken alle Tiere des Feldes,*
Wildesel brechen ihren Durst.
12 *Über ihnen wohnen die Vögel des Himmels –*
zwischen den Zweigen lassen sie die Stimme erklingen.
13 *Der die Berge tränkt aus seinen Obergemächern,*
aus der Frucht deiner Werke wird die Erde gesättigt.
14 *Der Gras sprießen lässt für das Vieh*
und Pflanzen für die Arbeit der Menschen,
um Brot hervorzubringen aus der Erde
15 *und Wein, der das Herz des Menschen erfreut,*
um die Gesichter glänzen zu lassen von Öl
und Brot, das das Herz des Menschen stärkt.
16 *Es werden gesättigt die Bäume JHWHs,*
die Bäume des Libanon, die er gepflanzt hat.
17 *Dort nisten die Vögel;*
der Storch – Zypressen sind sein Nest.
18 *Hohe Berge für die Steinböcke,*
Felsspalten sind Zuflucht für die Klippdachse.

19 *Der den Mond gemacht hat für die Zeitbestimmung,*
die Sonne kennt ihren Untergang.
20 *Du sendest Finsternis aus und es wird Nacht –*
in ihr kriechen alle Tiere des Waldes heraus.
21 *Die jungen Löwen brüllen nach Beute,*
fordern von Gott ihre Nahrung.
22 *Die Sonne geht auf und sie ziehen sich zurück,*
in ihren Behausungen lagern sie sich.
23 *Der Mensch geht heraus an sein Tagwerk*
und an seine Arbeit bis zum Abend.
24 *Wie zahlreich sind deine Werke, JHWH.*
Mit Weisheit hast du sie alle gemacht.
Die Erde ist voll von deinem Eigentum.

Dem Psalmisten scheint klar zu sein: Die Natur hat sich in ihrer Entwicklung, so scheint es, keineswegs auf das Minimum des Möglichen beschränkt, sondern sie zeigt sich in einer unglaublichen Redundanz. So räumt der Verfasser mit jeder menschlichen Vorstellung auf, Gott hätte sich bei seinem Schöpfungsprojekt aus Sparzwang oder aus falscher Bescheidenheit auch mit einer Sparvariante zufriedengeben können, in der nur für das Allernotwendigste gesorgt ist. Der überfließende Reichtum der Schöpfung hingegen schenkt dem Menschen und seinen Mitgeschöpfen nicht nur ausreichend Nahrung, sondern lässt ihm Raum für Genuss und Lebensfreude. Dieser Reichtum der Schöpfung beruht auf einer scheinbar vom Schöpfer weise abgestimmten Kette: Durch den Regen wird die Erde bewässert, und er ermöglicht das Wachstum des Grases für das Vieh und das Gedeihen der Pflanzen für den Menschen. Letzterer verarbeitet die von Gott geschenkten Pflanzen weiter zu Nahrungsmitteln: zu Brot, Wein und Öl.

Mit dieser Schilderung der von Gott geordneten und wunderbar versorgten Welt wird dem Psalm vielfach eine Nähe zu ägyptischen Hymnentraditionen zugeschrieben. Insbesondere wird öfter eine Beziehung des Psalms zum „Großen Hymnus" des Pharao Amenophis IV. (Echnaton) aus dem Ägypten der Amarna-Zeit (um 1340 v. Chr.) an den Sonnengott Aton vermutet. Dieser wendet sich gemäß diesem Hymnus im Tag- und Nachtrhythmus seiner Schöpfung zu und ab. Eine ähnliche Abhängigkeit der Lebewesen von der Zuwendung JHWHs beschreibt der Psalmist so:

27 Sie alle warten auf dich,
dass du ihnen ihre Speise gibst zu ihrer Zeit.
28 Du gibst ihnen: Sie sammeln ein,
du öffnest deine Hand: Sie werden gesättigt an Gutem.
29 Du verbirgst dein Gesicht: Sie erschrecken sich.

Du nimmst deinen Atem zurück: Sie vergehen
und kehren zurück zu ihrem Staub.
30 *Du sendest deinen Geist aus: Alle werden erschaffen,*
und du erneuerst das Antlitz des Erdbodens.

Möglicherweise wurden solche ägyptischen Motive in den Psalm integriert und auf den Gott Israels hin transformiert. Für dessen Schöpferkraft und Weisheit sind die hier wie auch in der ägyptischen Amarna-Literatur detailreich dargestellten Phänomene aus der Natur für den Psalmisten ein eindrucksvoller Beleg.

Das funktionierende Gleichgewicht beruht letztlich auf einer stabilen Welt- und Lebensordnung. Dieses wird garantiert vom Schöpfergott, der als König im Kosmos residiert:

2 *Der sich einhüllt in Licht wie in einen Mantel,*
der den Himmel ausspannt wie ein Zelt,
3 *der sich in den oberen Wassern seine Obergemächer baut,*
der die Wolken zu seinem Wagen macht,
der auf den Flügeln des Windes dahinschreitet,
4 *der Winde zu seinen Boten macht,*
zu seinen Dienern flammende Feuer.
5 *Der die Erde gegründet hat auf ihren Fundamenten,*
auf immer und ewig wankt sie nicht.

An der Deutung, dass hinter allen Zusammenhängen ein weiser Schöpfer steht, können sich im Zeitalter der Naturwissenschaften, die diese Zusammenhänge mit einer evolutiven Anpassung der Lebewesen an ihren Lebensraum erklären, die Geister scheiden. In der Welt der modernen Naturwissenschaften neigen wir dazu, solche ökologischen Kreisläufe und Netzwerke etwas nüchterner zu sehen. Die Evolutionstheorie sagt uns, dass sich die Lebewesen im Laufe der Jahrmillionen perfekt auf ihre Umgebung abgestimmt haben. Im Unterschied zu antiken altorientalischen Verfassern liegt heutiger Naturwissenschaft ein unterschiedliches Kausalverständnis zugrunde. Die Naturgesetze argumentieren – in klassisch philosophischer Sprache – nicht mit *Ziel*ursachen, sondern mit *Wirk*ursachen: Die Giraffe hat ihren langen Hals nicht, *damit* sie zum Fressen an die Baumwipfel herankommt, sondern *weil* sich längere Hälse als Vorteil im Konkurrenzkampf um Futter erwiesen und daher durchgesetzt haben. Neuerdings werden die langen Hälse der Giraffen auch mit ihrem speziellen Kampfverhalten erklärt. Insekten sind naturwissenschaftlich gesehen nicht dazu da, *damit* Vögel und andere Tiere Nahrung haben, sondern diese Tierarten hätten sich ohne ein ausreichendes Nahrungsangebot nicht entwickeln können. Lebensformen können logischerweise nur entstehen, wenn die Bedingungen für ihr Entstehen und ihr Überleben erfüllt sind – das hatten wir schon bei der Diskussion ums *anthropische Prinzip* gesehen. Jede neue Lebensform bildet einen Teil eines immer vielfältigeren und komplexeren Netzes, an das sich wiederum vielfältige neue Lebensformen anpassen können.

Wer nicht an Gott glaubt, wird sich daher mit dem Verweis auf die beschriebenen Zusammenhänge in der Natur kaum von der Existenz Gottes überzeugen lassen. Eine Sichtweise, die darin die Weisheit Gottes erkennt, setzt bereits den Glauben an Gott voraus. Wer jedoch den lebensfähigen Kosmos, die Welt und sein Leben im Licht des Glaubens an Gott, an einen aller Materie vorausgehenden Geist und Willen deutet, kann sich dem Staunen über die Vielfalt des Lebens als Werk Gottes kaum entziehen und wird die kosmischen und evolutiven Zusammenhänge als Instrument Gottes sehen, mit der er die von ihm gewollten Lebewesen und ihre wechselseitigen Beziehungen erschafft. Mit seiner poetischen Kraft drückt der Psalm das zutiefst menschliche Staunen darüber aus, wie der Mensch mit seinen Mitgeschöpfen in ein lebenswichtiges Beziehungsnetz eingewoben ist. Nicht weniger wird in der Bibel dem Staunen über Wunder des eigenen menschlichen Lebens Ausdruck verliehen, wie es sich von den embryonalen Anfängen her entwickelt, so in Psalm 139, Vers 13:

„Denn du hast mein Innerstes geformt,
du hast mich gewoben im Schoß meiner Mutter.“ (EÜ).

Man könnte bis hierher den Eindruck gewinnen, dass die biblischen Verfasser ein besonderes Faible für die Biologie hatten und diese religiös aufluden. Doch für den gläubigen Israeliten und für Christinnen und Christen endet der Blick nicht bei den sichtbaren, biologischen Lebensformen. Im Christentum gelten sie als umfangen und getragen von einem unsterblichen, göttlichen Leben. Im Prolog des Johannesevangeliums lesen wir, dass im Wort (dem Logos) das Leben ist, dass dieses Wort zu „den Seinen“ kommt, dass es Fleisch wird und unter uns wohnt, sich mit uns vereinigen will. Die Botschaft lautet: So wie das Wort, das Leben schlechthin, Fleisch werden kann, so ist unsere menschliche Existenz (unser „Fleisch“) fähig und dazu bestimmt, dieses absolute, unsterbliche Leben anzunehmen. Auf diese Unsterblichkeit gehen wir später noch ausführlicher ein. Ein gläubiger Mensch mag sich ein unverkürztes Menschsein ohne diese Sinnperspektiven vom Woher und Wohin des Lebens kaum vorstellen. Doch nicht nur den Gläubigen sind mit den Schöpfungstexten der Bibel Schätze aus der Weltliteratur ans Herz gelegt, die bewusstseinsbildend für das Wunder und die Würde des Lebens in allen seinen Facetten wirken können.

8. Von der Raumzeit-Strukturierung zum ersten Wochenende: Der Schöpfungsbericht der Genesis

Mit dem bisherigen naturwissenschaftlichen und biblischen Vorlauf sind wir nun gut gerüstet, uns dem bekannten Schöpfungstext auf den ersten Seiten der Bibel zuzuwenden. Mit seiner prominenten Stellung ganz am Anfang der Bibel hat er von allen Texten sicher die breiteste Wirkung entfaltet – seine oft verfehlte Rezeption hat auch für die bereits zu Beginn erwähnten Missverständnisse zwischen dem Christentum und der Naturwissenschaft gesorgt. Und dies, obwohl man nach Spuren von übermenschlichem Vorauswissen des Verfassers über moderne Kosmologie in diesem Werk vergebens sucht – weder ist von Elementarteilchen noch von Grundkräften oder Urknall die Rede. Biblische Schöpfungsberichte und Naturwissenschaften verfolgen ja auch, so haben wir es in der Schule gelernt, ganz unterschiedliche Ziele. Die Naturwissenschaften versuchen, wie wir gesehen haben, mit einem systematischen Baukasten von Formeln die symmetriebrechende Entwicklung des Kosmos von einem undifferenzierten zu einem differenzierten Zustand zu erklären. Der biblische Schöpfungstext der Genesis versucht hingegen … – nanu …? – … versucht, mit einem systematischen Baukasten von Formeln die symmetriebrechende Entwicklung des Kosmos von einem undifferenzierten zu einem differenzierten Zustand zu erklären. Zugegeben, das ist nur *eine* mögliche Sichtweise des Schöpfungstextes, und außerdem sind die Formeln, von denen hier die Rede ist, keine mathematischen Gleichungen, sondern sich wiederholende Sätze, die den Text strukturieren. Insgesamt lässt dies den Text beinahe etwas nüchtern und monoton wirken. Man muss daher nicht einmal den hebräischen Text zur Hand nehmen, um die Unterschiede etwa zum lyrischen Charakter der Psalmen zu bemerken. Er besitzt einen Stil einer Art „vorwissenschaftlichen“ Prosa, die durchzogen ist wie von Glockenschlägen, die die Würde und das Gewicht des göttlichen Schöpfungswerkes untermalen.

1,1 *Am Anfang davon, dass Gott die Himmel und die Erde erschuf –*

2 *damals noch war die Erde ungerichtet und leer (tohuwabohu)*
und Finsternis war über der Oberfläche der Urflut
und der Geist Gottes bewegte sich über der Oberfläche der Wasser hin und her –

3 *da sprach Gott: Es werde Licht!*
Und es wurde Licht.
4 *Und Gott sah das Licht, dass es gut war.*
Und Gott schied das Licht von der Finsternis.
5 *Und Gott nannte das Licht Tag, und die Finsternis nannte er Nacht.*
Und es wurde Abend, und es wurde Morgen: erster Tag.

6 *Da sprach Gott: Es werde eine Feste mitten in den Wassern, und es werde eine Scheidung zwischen den Wassern und den Wassern!*
7 *Und Gott machte die Feste und schied die Wasser, die unterhalb des Gewölbes waren, von den Wassern, die oberhalb des Gewölbes waren.*
Und es geschah so.
8 *Und Gott nannte die Feste Himmel.*
Und es wurde Abend, und es wurde Morgen: zweiter Tag.

9 *Da sprach Gott: Es sollen sich die Wasser unterhalb des*
Himmels an einen Ort sammeln, und das Trockene soll
sichtbar werden!
Und es geschah so.
10 *Und Gott nannte das Trockene Erde, und die Ansamm-*
lung der Wasser nannte er Meer.
Und Gott sah, dass es gut war.
11 *Da sprach Gott: Die Erde lasse Grünzeug hervorsprie-*
ßen, Kraut, das Samen hervorbringt, Fruchtbäume, die
auf der Erde je nach ihrer Art Früchte tragen, in denen
ihr Same ist!
Und es geschah so.
12 *Und die Erde brachte Gras hervor, Kraut, das Samen*
hervorbringt je nach seiner Art, und Bäume, die Früchte
tragen, in denen ihr Same ist nach ihrer Art.
Und Gott sah, dass es gut war.
13 *Und es wurde Abend, und es wurde Morgen: dritter Tag.*

14 *Da sprach Gott: Es sollen Lichter am Gewölbe des Him-*
mels werden, um zu scheiden zwischen dem Tag und der
Nacht, und sie sollen werden zu Zeichen von Zeiten und
Tagen und Jahren;
15 *und sie sollen Lichter am Gewölbe des Himmels werden,*
um auf die Erde zu leuchten!
Und es geschah so.
16 *Und Gott machte die beiden großen Lichter: das größere*
Licht zur Beherrschung des Tages und das kleinere Licht
zur Beherrschung der Nacht und die Sterne.
17 *Und Gott setzte sie an das Gewölbe des Himmels, um auf*
die Erde zu leuchten
18 *und zu herrschen über den Tag und über die Nacht und*
zu scheiden zwischen dem Licht und der Finsternis.
Und Gott sah, dass es gut war.

19 *Und es wurde Abend, und es wurde Morgen: vierter Tag.*

20 *Da sprach Gott: Wimmeln sollen die Wasser vom Ge-*
wimmel lebender Wesen,
und Vögel sollen über der Erde fliegen unter dem Ge-
wölbe des Himmels!
21 *Und Gott schuf die großen Seetiere und alle lebenden,*
sich regenden Wesen, von denen die Wasser wimmeln,
nach ihrer Art, und alle geflügelten Vögel nach ihrer Art.
Und Gott sah, dass es gut war.
22 *Und Gott segnete sie und sprach: Seid fruchtbar und ver-*
mehrt euch, und füllt das Wasser in den Meeren, und die
Vögel sollen sich vermehren auf der Erde!
23 *Und es wurde Abend, und es wurde Morgen: fünfter Tag.*

24 *Da sprach Gott: Die Erde bringe lebende Wesen hervor je*
nach ihrer Art: Vieh und Kriechtiere und wilde Tiere der
Erde nach ihrer Art!
Und es geschah so.
25 *Und Gott machte die wilden Tiere der Erde nach ihrer*
Art und das Vieh nach seiner Art und alle Kriechtiere
auf dem Erdboden nach ihrer Art.
Und Gott sah, dass es gut war.
26 *Da sprach Gott: Lasst uns Menschen machen als das uns*
repräsentierende Bild, (als) etwas wie das uns ähnliche
Bild! Sie sollen herrschen über die Fische des Meeres und
über die Vögel des Himmels und über das Vieh und über
die ganze Erde und über alle kriechenden Tiere, die auf
der Erde kriechen!
27 *Und Gott schuf den Menschen als sein Bild, als Bild Got-*
tes schuf er ihn;
als Mann und Frau schuf er sie.

28 *Und Gott segnete sie, und Gott sprach zu ihnen: Seid fruchtbar und vermehrt euch, und füllt die Erde, und macht sie [euch] untertan; und herrscht über die Fische des Meeres und über die Vögel des Himmels und über alle Tiere, die sich auf der Erde regen!*

29 *Da sprach Gott: Siehe, ich habe euch alles samentragende Kraut gegeben, das auf der Fläche der ganzen Erde ist, und jeden Baum, an dem samentragende Baumfrucht ist: es soll euch zur Nahrung dienen;*
30 *aber allen Tieren der Erde und allen Vögeln des Himmels und allem, was sich auf der Erde regt, in dem Lebensatem ist, habe ich alles grüne Kraut zur Speise gegeben. Und es geschah so.*
31 *Und Gott sah alles, was er gemacht hatte, und siehe, es war sehr gut!*
Und es wurde Abend, und es wurde Morgen: sechster Tag.

2,1 *So wurden der Himmel und die Erde und all ihr Heer vollendet.*
2 *Und Gott vollendete am siebten Tag sein Werk, das er gemacht hatte, und er ruhte am siebten Tag von all seinem Werk, das er gemacht hatte.*
3 *Und Gott segnete den siebten Tag und heiligte ihn; denn an ihm ruhte er von all seinem Werk, das Gott geschaffen hatte, indem er es machte.*
4a *Dies ist die Entstehungsgeschichte der Himmel und der Erde, als sie geschaffen wurden.*

Gleichbleibende Formeln, mit denen der Verfasser seine kosmologische Geschichte strukturiert, lauten also: „Und Gott sprach …“, „Und Gott machte“, „Und Gott sah, dass es gut war“,

„Und es wurde Abend und es wurde Morgen, x-ter Tag“. Im Nachhinein sollten wir froh sein, dass die Bibel nicht von heutigen Naturwissenschaftlern geschrieben wurde und etwa die Erschaffung des Lichts nicht mit Nichtphysiker-unfreundlichen Sätzen beschrieben wird wie: „Und Gott sprach: $\mathrm{div}\mathbf{E}=\rho/\varepsilon_0$ und $\mathrm{div}\mathbf{B}=0$.“ In seiner Anschaulichkeit hat dagegen der Schöpfungstext der Genesis Generationen von Menschen aller Couleur angesprochen und inspiriert.

Wenn wir aber von einem systematischen Baukasten sprechen können, dann nicht nur mit Blick auf diese Formeln, sondern auf die ganze Struktur des Textes, denn die ist durchzogen von unterschiedlichen Bezügen und Gleichgewichtsbeziehungen zwischen Schöpfungswerken und Schöpfungstagen. Ebenso bestehen Beziehungen zwischen den Schöpfungswerken zum Urzustand (*Tohuwabohu*) sowie zum Gesamtergebnis am siebten Tag. Aus diesem Blickwinkel sieht der Baukasten in etwa so aus:

<table>
<tr><td colspan="8">Anfangszustand
Tohuwabohu (fehlende Ausrichtung und Ausstattung), Finsternis</td></tr>
<tr><td colspan="4">Tage 1–3</td><td colspan="4">Tage 4–6</td></tr>
<tr><td>1. Tag</td><td rowspan="3">Scheidungswerke:
Ausrichtung und Struktur</td><td>Trennung Licht und Finsternis</td><td colspan="2">zeitliche Struktur</td><td>Leuchten zur Trennung von Tag und Nacht und für Festkalender</td><td>Ausstattung
Scheidung v. Tag/Nacht</td><td>4. Tag</td></tr>
<tr><td>2. Tag</td><td>Trennung obere und untere Wasser/ Himmel</td><td rowspan="2">räumliche Struktur</td><td rowspan="3">Lebewesen</td><td>Wassertiere und Vögel</td><td rowspan="3">Bevölkerung
Scheidung der Arten</td><td>5. Tag</td></tr>
<tr><td rowspan="2">3. Tag</td><td>Trennung trockene Erde und Meer</td><td>Landtiere</td><td rowspan="2">6. Tag</td></tr>
<tr><td>Ausstattung
Scheidung der Arten</td><td>Pflanzen für die Erde</td><td>Nahrung</td><td>Mensch</td></tr>
<tr><td colspan="8">Tag 7</td></tr>
<tr><td>7. Tag</td><td></td><td>Vollendung Ruhe</td><td colspan="2">zeitliche Struktur</td><td>Segnung und Heiligung des siebten Tags</td><td>Scheidung v.
Heilig/Profan</td><td>7. Tag</td></tr>
</table>

An den Anfang seiner Erklärung der Welt stellt der Verfasser das *Tohuwabohu* – einen Begriff, der bekanntlich auch jenseits der Bibel Karriere gemacht hat und zur Beschreibung des Ordnungszustandes der meisten Kinderzimmer oder Schreibtische dient. Dieses Begriffspaar *tohu* und *bohu* (das *wa* in der Mitte steht für „und") ist nur schwer eindeutig wiederzugeben. Für sich genommen kann man *tohu* jedoch als einen richtungslosen, ungeordneten und damit lebensfeindlichen Zustand verstehen. Im Buch Ijob bezeichnet *tohu* eine Art orientierungslose Verwirrung des von Gott entfremdeten Menschen (Ijob 12,24). An anderer Stelle ist davon die Rede, dass Karawanen in das *tohu* abdriften, d. h. sie kommen vom Weg ab und gehen damit in den sicheren Tod (Ijob 6,18). Die richtige Richtung gibt der über das *tohu* gespannte *Zafon* an (Ijob 26,7): *Zafon* bezeichnet zum einen geografisch die nördliche Himmelsrichtung – die orientierungslose Wüste wird damit buchstäbliche eingenordet. Zugleich ist der *Zafon* der Gottesberg, also der Inbegriff der Gegenwart Gottes und eine Art über die Erde ausgespanntes schützendes Zelt. Damit also entpuppt sich im Buch Genesis das *tohu* als ein Zustand ohne Richtung – in moderner Sprache ein Zustand mit hoher Symmetrie –, der zu seiner Herrichtung als Lebensraum eingenordet werden, oder anders gesagt: dessen Symmetrie gebrochen werden muss. Der Begriff *bohu* bezeichnet, so wird vermutet, eine Art Leere; verwandte Worte im Arabischen können auch „Hunger" bedeuten. Der zusammengesetzte Begriff *Tohuwabohu* bedeutet demnach einen Zustand, der zum einen sozusagen einer symmetriebrechenden Richtungsvorgabe, zum anderen einer Ausstattung bedarf.

Ein Vers weiter wird davon gesprochen, dass der Geist oder Atem Gottes (*Ruach Elohim*) über der Urflut (*tehom*) schwebt. Er scheint wie eine in spannender Erwartung befindliche Macht, die schwebend – mitunter übersetzt als bebend und zitternd – darauf wartet, dass es mit der Schöpfung losgehen kann. Aus dem Wind oder Atem wird ein Wort moduliert, mit dem die Schöpfung beginnt. Dieses erste Wort scheint im hebräischen Original ein Spiel aus Atem und Vokalen zu sein, wie erste Töne, die sich aus dem modulierten Gottesatem ergeben: *jihi or* („es werde Licht"). Was darauf folgt, ist eine schrittweise Beseitigung des doppelten Mangelzustandes Richtungslosigkeit und Leere, der mit dem Begriff „*Tohuwabohu*" ausgedrückt worden ist. Diese Beseitigung geschieht mit Scheidungswerken, die Richtungen vorgeben, und Ausstattungswerken, die die Leere ausfüllen. Die Richtungsvorgaben sind sowohl im räumlichen wie im zeitlichen Sinn zu verstehen. Dank der Trennung von Licht und Finsternis gibt es ein Vorher und ein Nachher, die die folgende zeitliche Gliederung des Textes in Tagen genauso ermöglicht wie überhaupt die auf den folgenden Seiten der Bibel beschriebene Geschichte Gottes mit den Menschen. Die Trennung von oberen und unteren Wassern sowie von trockener Erde und Meer ermöglichen die Unterscheidung von oben und unten, links und rechts. Gott erschafft die Welt, indem er Ordnung ins Durcheinander bringt, die Dinge an ihren Platz bringt, die konfusen Teile unterscheidet und sie dann mit Lebewesen bevölkert. Diese Unterscheidung wird durch das Verb *badal* (trennen, scheiden) ausgedrückt.

Indem der Verfasser diese *Scheidungen* quasi zurückverfolgt hat und so als schrittweise Abfolge wiedergeben kann, zeigt er, dass er die Welt und ihre Bestandteile zu unter-*scheiden* weiß. Damit will er – ganz im Sinne der in Kapitel 3 beschriebenen weisheitlichen Rationalität – das innere Wesen und die Proportionen der Weltbestandteile verstehen. Die Unterscheidung von Verschiedenem, Getrenntem und Differenziertem ermöglicht ein Verstehen über dessen Ursprung. So muss man dem Text anerkennend zugutehalten, dass er in einer sehr anschaulichen Sprache auch heute noch dazu anregen kann, die Entwicklung des differenzierten Kosmos schrittweise unterscheidend und verstehend nachzuvollziehen. In seiner sprachlichen und theologischen Dichte sowie seiner zeitlosen, Jahrtausende überdauernden Anschaulichkeit würde ihm ein heutiger, modern formulierter Schöpfungstext wohl nicht so leicht das Wasser reichen können.

Die Verteilung dieser scheidenden und ausstattenden Vorgänge folgt einer ausgeklügelten Logik, in der unterschiedliche Gleichgewichtsbeziehungen auftreten. Der obige Baukasten zeigt eine systematische Beziehung zwischen den Tagen (eins und vier, zwei und fünf, drei und sechs) sowie zwischen den darauf verteilten Werken. Verbunden werden die Tage eins, vier und sieben durch das Thema Zeit: Am vierten Tag werden Himmelskörper eingesetzt, die den zeitlichen Rhythmus gliedern und Festzeiten angeben. Indem die vom Text so genannte große und die kleine „Leuchte" den Unterschied von Tag und Nacht markieren, bilden sie quasi die Fortsetzung der Unterscheidung von Licht und Finsternis am ersten Tag. Nun übernehmen die Leuchten die Herrschaft über Tag und Nacht und bestimmen deren zeitliche Dauer. Schließlich wird am siebten Tag die Zeiteinteilung vollendet und mit einer religiösen Dimension versehen: Wie die Trennung von Licht und Finsternis, bietet auch die Heiligung, d. h. Aussonderung des Sabbat aus dem profanen Bereich für die Gemeinschaft der Menschen mit Gott und untereinander eine lebensförderliche Struktur.

Eine ähnliche Systematik lässt sich über die räumlichen Strukturen aussagen: Die räumliche Unterscheidung von oben und unten an Tag zwei ermöglicht die Ausstattung von Himmel und Meer mit Wassertieren und Vögeln an Tag fünf. Die Absonderung von trockenem Land und dessen Bepflanzung an Tag drei erlaubt dessen Bevölkerung mit Landtieren und Menschen an Tag sechs. Auch hier setzt sich die Gliederung des Lebensraumes in der Gliederung der Lebewesen fort: Es entstehen Pflanzen und Tiere „nach ihrer Art" (*le-min-ow*).

Die Verwendung des Begriffs *min* wird an mehreren Stellen in der Bibel mit der Kenntnis zahlreicher Tier- und Pflanzenarten verwendet. Zudem ist bemerkenswert, dass Pflanzen und Wassertiere auf Gottes Befehl hin durch die Erde und das Meer hervorgebracht werden. Damit gibt der Verfasser die fruchtbare Potenzialität der Erde textlich wieder. Bei der Erschaffung des Menschen als Bild und Gleichnis Gottes schließlich, auf die das Schöpfungswerk zuläuft, kommt die unterscheidende Differenzierung zwischen männlich und weiblich zur Geltung.

Ein Zwischenstand: Mit der Systematik, wie die Differenziertheit des Kosmos aus einer ursprünglichen Undifferenziertheit erklärt wird, müsste der biblische Text eine interessante Grundlage für das Gespräch mit den Naturwissenschaften bieten. Umgekehrt wären biblische Verfasser, könnten sie sich aus ihrer Welt ins 21. Jahrhundert beamen, sicher brennend an den Erkenntnissen moderner Naturwissenschaftler interessiert. Sie hätten den heutigen Naturwissenschaften jedoch ebenso einiges mitzubringen, nämlich ihre ausgeklügelt eingewobenen religiösen Deutungen zum kosmologischen Geschehen. Der Schöpfungstext der Genesis tut dies nicht nur, indem er Gott als den Urheber aller kosmologischen Vorgänge ausweist. Vielmehr führt er zudem unterschiedliche Perspektiven zusammen – ganz im Sinne des komplementären Denkens und gegen jeden Anflug von menschlicher kognitiver Eintönigkeit. Dies passiert auf mehreren Ebenen:

1. Die Schöpfungswerke werden immer als Kombinationen von göttlichem Wort („und Gott sprach …") und göttlichem Tun beschrieben. Die Taten wie die kosmologischen Trennungen sind damit Verwirklichung eines Wortes bzw. eines Gedankens Gottes. Man kann sich vorstellen, dass Gott für diese Trennungen viele andere Möglichkeiten und Richtungen zur Verfügung gehabt hätte – oder auch frei gewesen wäre, es sein zu lassen. In einer ähnlichen religiösen Deutung wären auch

die vorhin beschriebenen Übergänge von vielen Möglichkeiten in einen tatsächlichen Zustand, die die Entwicklung unseres Kosmos nach heutigem naturwissenschaftlichem Stand charakterisieren, kein blinder Zufall. Vielmehr wären sie auf einen Gedanken, einen Willen und ein artikuliertes Wort zurückzuführen. Zu den Worten Gottes, mit denen er im biblischen Text die Geschöpfe in die Existenz ruft, gesellen sich Worte, mit denen er Tiere und Menschen anspricht. Im Deutschen kommt schön zum Ausdruck, dass dieses An-*sprechen* auch immer eine Ent-*sprechung* zwischen Schöpfer und Geschöpfen bedeutet. Als von Gott An-*gesprochene* stehen die Geschöpfe außerdem unter Gottes An-*spruch*. Dazu würde passen, dass insgesamt Gott im ersten Kapitel der Genesis zehnmal zu sprechen ansetzt, womit manche Theologen einen Bezug auf den Auszug aus Ägypten und die zehn Gebote sehen, die Gott dem Mose übergibt und die den Menschen einen ethischen Kompass an die Hand geben. Am Ende der Schöpfung steht nach dem ersten Schöpfungsbericht der Bibel der Mensch als ein Gott entsprechendes und von ihm angesprochenes Wesen, als sein Bild und Partner.

2. Auch die kosmologischen Prozesse, die auf göttliches Tun zurückzuführen sind, sind kein eindimensionaler und für den menschlichen Verstand einfach in den Griff zu bekommender Vorgang. Für die komplementären Perspektiven stehen unterschiedliche Begriffe mit je unterschiedlichen Bedeutungen, so etwa die Begriffe *asah* und *bara*: Ersteres steht für „machen“ (z. B. Gen 1,7), Letzteres für „schaffen“ (z. B. in Gen 1,1 oder 2,3). Falls Sie wie ich aus dem „Ländle“ (neuerdings auch: „the Länd“) stammen, werden Sie womöglich von Ihrem Sprachgebrauch her beide Begriffe für gleichbedeutend halten. Im Hebräischen bedeutet *asah* jedoch ein ganz allgemeines Herstellen einer Sache wie von einem Handwerker. Das Verb *bara* hingegen steht für das unvergleichliche „Schaffen“ Gottes, das den Dingen überhaupt erst ihre Existenz gibt. Dieses Verb wird

ausschließlich im Zusammenhang mit Gott verwendet: Nur Gott kann die Dinge ins Dasein rufen. Mit diesem Begriff wird ausgedrückt, dass jede noch so anschauliche Vorstellung von Gottes Wirken überboten wird durch die Erkenntnis, dass es eigentlich durch nichts zu veranschaulichen und mit nichts zu vergleichen ist.

3. Darüber hinaus haben für den gläubigen Israeliten die kosmologischen Vorgänge immer auch eine religiöse und kultische Bedeutung. Religiöser Kult ist damit immer auch eine Fortsetzung des göttlichen Schöpfungswerks. Die religiöse Bedeutung der kosmologischen Vorgänge zeigt sich im bereits erwähnten hebräischen Verb *badal* für „scheiden", in dem sich kosmologische und religiöse Aspekte verbinden: Es bezeichnet neben den kosmologischen Ausdifferenzierungen wie Licht und Finsternis, Oben und Unten etc. auch die Trennung zwischen rein und unrein (Lev 11,47; 20,25), zwischen heilig und profan (Lev 10,10; Ez 22,26; 42,20) oder zwischen Heiligem und dem Allerheiligsten (Ex 26,33). Kosmische Ordnung durchdringt sich damit mit kultischer Ordnung; kosmologische Trennungen und Unterscheidungen münden in die kultische Unterscheidung zwischen Heiligem und Profanem. Die von den gläubigen Israeliten vollzogenen Kulte und Rituale, die Heiliges von Unheiligem trennen, sind somit Fortsetzungen des göttlichen Schöpfungswerkes.

4. So ist es konsequent, dass die Kette von Ausdifferenzierungen schließlich einmündet in die Aussonderung des Sabbats. Der Sabbat hatte für die Israeliten die wichtige Bedeutung für ihre Gemeinschaft mit Gott. Im Buch Exodus wird beschrieben, dass Gott am siebten Tag den Mose zu sich ruft und ihm den Auftrag erteilt, zusammen mit allen Israeliten ein Heiligtum zu bauen (Ex 24,16). Dort wird er sich dem ganzen Volk Israel offenbaren (Ex 29,43–46). Übertragen auf die Genesis kann man den Schluss ziehen: Differenzierung erweist sich als

Voraussetzung für Beziehung in den vielfältigsten Formen. Die Schöpfung wird im Rahmen einer Schöpfungswoche mit dem siebten Tag, dem Sabbat als Zielpunkt beschrieben. Die ganze Zeit bekommt so eine Richtung; sie beginnt mit dem ersten schöpferischen Wort und führt auf die Gemeinschaft zwischen Gott und seinen Geschöpfen hin. Bei dieser Verbindung von Schöpfung und Kult wird ausgenutzt, dass die hebräischen Begriffe für Ruhen *(schabat)* und sieben *(schabija)* eng beieinanderliegen. Indem der Mensch diesen Rhythmus der Siebentagewoche übernimmt, sechs Tage arbeitet und einen Tag ruht, ahmt er damit das göttliche Schöpfungswerk nach. Sein Wochenablauf wird dadurch als Ganzes geheiligt. Die Schöpfungstage als reale Zeiteinheit zu deuten, würde allein deshalb nicht der Bedeutung gerecht werden, die der Text offensichtlich dem Sabbat als Zielpunkt der Schöpfung einräumen will. Die Gliederung des Textes in sieben Tage ist für den Verfasser so zentral, dass er auch eine ungleichmäßige Verteilung der Schöpfungswerke auf die Schöpfungstage in Kauf nimmt – schließlich hätte er ja auch acht Tage für die acht Schöpfungswerke wählen können.

Dass das Licht schon am ersten Tag unabhängig von den Gestirnen geschaffen wurde, erlaubt Schlussfolgerungen, wie sich der Verfasser den Kosmos vorstellt. Demzufolge ist das Licht eine unabhängige Größe; die Leuchten am Himmel sind eine Art Membranen, die nach Gen 1,17 *in* die Himmelsplatte eingesetzt sind (zum Vergleich dazu befinden sich die Vögel auf der Oberfläche der Himmelsplatte). Diese Membranen regulieren die Stärke des Lichtes, das von der extrakosmischen (jenseits der Himmelsplatte) in die kosmische Sphäre zwischen Himmel und Erde gelangt. Die Membranen sind fest in der Himmelsplatte eingesetzt; somit muss sich die Himmelsplatte relativ zur Erde bewegen, damit die periodischen Bahnen der Gestirne erklärt werden können. Mit diesen Vorstellungen stand der biblische Verfasser im Einfluss des damals im Alten Orient verbreiteten Gedankenguts. In der assyrischen Astronomie etwa stellt man sich die Sterne ebenfalls auf einer zweidimensionalen Fläche als Inschriften in der Himmelssphäre vor. Nicht weit von dieser Vorstellung steht zudem die ionische Naturphilosophie der Vorsokratiker. Nach Anaximander von Milet (ca. 610–546 v. Chr.) sind die Gestirne eine Art sich drehende Räder in den Himmeln, die mit Feuer gefüllt sind.

Diese Vorstellungen scheinen uns hoffnungslos überholt und mögen bei uns ein müdes Schmunzeln hervorrufen. Im Alten Orient jedoch stellte die Erkenntnis der regelmäßigen Bahnen, die mit solchen Bildern „erklärt" wurden, einen enormen Fortschritt dar. So wurden etwa in Babylonien Listen mit periodisch wiederkehrenden stellaren Konstellationen geführt, mittels derer Ereignisse wie Sonnenfinsternisse vorhergesagt werden konnten. Den Sternen wurde damit ihr gottgleicher Status und ihr furchterregender Charakter genommen. Die Bibel gibt von dieser Entwicklung Zeugnis und bewirbt gewissermaßen einen unbefangenen und angstfreien Zugang zur geschaffenen – nicht göttlichen – Materie. Gestirnkulten wird damit der Boden entzogen, stattdessen wird die Verehrung auf den einen Gott JHWH konzentriert, dem sich die ganze Schöpfung verdankt.

Dass der Gott JHWH bei der Erschaffung der Welt seine Spuren und den israelitischen Kult quasi in den Kosmos eingeschrieben hat und sich somit mächtiger als alle anderen Götter der Nachbarvölker erweist, war zur Zeit der Entstehung des Schöpfungstextes ein wichtiges Signal für das Volk Israel. Seine Oberschicht befand sich in der Verbannung, im babylonischen Exil. Der Tempel war zerstört und Jerusalem lag für die Verschleppten in unerreichbarer Ferne. Das Heimweh nach Jerusalem ist sehr ergreifend in der exilischen Literatur festgehalten, so etwa in Psalm 137 (EÜ):

1 *An den Strömen von Babel,*
da saßen wir und wir weinten, wenn wir Zions gedachten.

4 *Wie hätten wir singen können die Lieder des HERRN,*
fern, auf fremder Erde?
Wenn ich dich je vergesse, Jerusalem,
dann soll meine rechte Hand verdorren.

Mit ihrer Verschleppung waren die Exilierten nicht nur ihrer Heimat, sondern auch ihrer Identität beraubt worden. Ein Leben nach der überlieferten Kultordnung war in der Fremde nicht mehr möglich. Die Verehrung des Gottes Marduk griff in Babylonien um sich und zog manchen Israeliten in ihren Bann. Was jedoch zur Wahrung der Identität des verschleppten Volkes blieb, war die Einhaltung des Sabbatgebots. Gilt der Sabbat als bereits in der Schöpfung verankert, so erhält dieses Identitätsmerkmal der Israeliten in der Fremde eine herausragende kosmologische Bedeutung. Der Schöpfungstext gibt den Exilierten damit die Botschaft mit auf den Weg: Haltet am Glauben an JHWH fest und bewahrt eure Identität als Gottesvolk!

Zusammengefasst: Der Schöpfungstext der Genesis hält den Leserinnen und Lesern eine kosmische, rationale Harmonie vor Augen, wie sie von Gott her gedacht ist. Zugleich zeigt er beispielhaft die menschliche Fähigkeit auf, den göttlichen Gedanken, Gottes scheidenden und unterscheidenden Werken auf den Grund zu gehen. Gottes Wirken am Anfang des Kosmos kann der Mensch nachvollziehen und verstehen.

Als Ausweis der Harmonie, die Gott in die Schöpfung gelegt hat, sei noch eine weitere Gleichgewichtsbeziehung angemerkt: Auf die Tage eins bis vier, die zusammengefasst Lebensraum für Tiere und Menschen vorbereiten, fallen im hebräischen Text insgesamt 206 Wörter – für Tag eins und zwei 69, für Tag drei 69 und für Tag vier 69. An den Tagen fünf und sechs zählt man insgesamt 207 Wörter. Dieses Beinahe-Gleichgewicht scheint auszusagen: Der Lebensraum ist perfekt auf die Lebewesen abgestimmt, ähnlich wie unser modernes „feinabgestimmtes" Universum oder das sensible ökologische Gleichgewicht auf der Erde. Vielleicht ist jedoch bereits an dieser Stelle mit dem minimalen Unterschied in der Wortzahl angedeutet, dass der Mensch dieses harmonische Gleichgewicht einmal stören wird.

Wie die Geschichte in den folgenden Kapiteln der Genesis weitergeht, dürfte bekannt sein. Was folgt, ist ein nach den Erkenntnissen der Exegese weit älterer Text aus der Hand eines anderen Verfassers, des sogenannten Jahwisten. Er beschreibt das Drama, das die Erschaffung von Mann und Frau, ihr Leben im Paradies, den Sündenfall und die Vertreibung umfasst. Beide Texte erklären so zusammengefügt aus komplementären Perspektiven die teils widersprüchlich scheinende Erfahrungswelt des Menschen: das ursprüngliche Gutsein der Erde und des Menschseins einerseits und den tatsächlichen Istzustand andererseits, der von Krankheit und Sterblichkeit, von Sündhaftigkeit, Schuldzuweisungen und moralischem Fehlverhalten geprägt ist. Auch von ständigen Rückfällen in die Untreue gegenüber Gott ist die in der Bibel folgende Geschichte gekennzeichnet. Sie erzählt von Bundesschlüssen zwischen Gott und Menschen, von Bundesbrüchen und von Bundeserneuerungen. Konstant ist die immer wieder neu ausgestreckte Hand Gottes, der die Menschen zu ihrem Heil führen will. Dass es so etwas wie eine Heilsgeschichte überhaupt geben kann, setzt voraus, dass es eine Zeitrichtung gibt. Diese legt der Schöpfungsbericht der ganzen Bibel zugrunde: mit einer kunstvollen Abfolge vom ersten Vorher und Nachher bis zum ersten Wochenende der Menschheitsgeschichte.

9. Beziehungsweise ... Schöpfung durch Vereinigung

Die biblischen Texte erzählen reichlich davon, dass ein göttliches Projekt „Schöpfung" ihrem Urheber einiges zumutet. Wie eben eine Liebesbeziehung nicht ohne Liebeskummer, Enttäuschungen und Neuanfang auskommt, so muss auch Gott in der Beziehung zu seinem menschlichen Gegenüber immer wieder Rückschläge hinnehmen. Diese Rückschläge gehen so weit, dass Gott sogar mit der Sintflut das ganze Projekt „Schöpfung" wieder abblasen will. Schließlich gibt er mit Noah seiner Schöpfung eine neue Chance – doch auch in den folgenden Erzählungen ist ein Hin und Her von Bundesschlüssen, Bundesbrüchen und Bundeserneuerungen kennzeichnend für biblische Heilsgeschichte. Wenn Gott seinen Bund mit den Menschen erneuert, bietet er ihm immer wieder neu eine Beziehung an und damit die Möglichkeit, seiner ursprünglichen Bestimmung als Bild und Partner Gottes gerecht zu werden.

Dass die Bestimmung der Schöpfung auf diese Beziehung mit ihrem Schöpfer hin angelegt ist, kann man in mehrfacher Hinsicht aus dem Schöpfungsbericht der Genesis herauslesen – schon bevor dem Menschen seine Identität als Bild Gottes zugesprochen wird. Denn bereits in Gottes scheidendem – und damit *unter*-scheidendem – Wirken im Kosmos stecken die Voraussetzungen für eine künftige Beziehung. Für die Scheidungswerke, so für das Trennen von Licht und Finsternis, oberen und unteren Wassern, Meer und Land, verwendet der Text das Verb *badal*. An anderen Stellen bezeichnet dieses die kultische Trennung zwischen Heiligem und Nichtheiligem: zwischen reinen und unreinen Tieren, die Aussonderung des Volkes Israel von den anderen Völkern – zusammengefasst: eine Differenz zwischen dem, was innerhalb und außerhalb der göttlichen Sphäre liegt. Die erste Differenz also, die Gott geschaffen hat, ist eigentlich der Unterschied zwischen ihm selbst und der Schöpfung als etwas von ihm Unterschiedenem. Der Mensch erkennt mit seinen kultischen Handlungen und seinen Unterscheidungen von Heiligem und Profanem genau dies an: Gott ist der ganz Andere. Der Mensch kann vor seiner Heiligkeit wie vor einem verzehrenden Feuer nicht bestehen. Heilige Bezirke wie der Tempel sind daher ganz Gott vorbehalten und vom Bereich der alltäglichen menschlichen Geschäftigkeit abgegrenzt.

Doch des Menschen Bestimmung besteht nicht darin, auf Dauer von Gott getrennt zu bleiben. Sie besteht vielmehr darin, Gott ähnlich zu werden und sich letztlich ganz mit ihm zu verbinden – ohne dass dabei die Unterscheidung von Gott und Geschöpf verschwinden würde. Vielmehr ist dieser Unterschied Voraussetzung für eine solche vollkommene Beziehungsharmonie. Die Differenzierung zwischen Gott und Schöpfung, schließlich die differenzierte Vielfalt zwischen Tieren, Pflanzen, Mann und Frau ist in den Schöpfungstexten die Voraussetzung für eine Vielfalt von Beziehungen und für eine Einbindung in ein Netz von wechselseitigen Bezügen. Dass der erste Schöpfungstext der Genesis das Schöpfungswerk gerade auf den Sabbat hinauslaufen lässt, kann daher als programmatisch gelten. Im Sabbat verbinden sich gerade Unterschiedlichkeit und Beziehung. Dieser Tag ist für Gott eine Zeit des Innehaltens nach seinem Schöpfungswerk; für den Menschen ist es die Zeit, den Schöpfer in seinem Innehalten nachzuahmen und so in Gemeinschaft mit ihm zu treten. Demgemäß ist im Buch Exodus der Sabbat der Tag, an dem Gott in besonderer Weise die Gemeinschaft mit seinem Volk sucht.

Es dürfte bereits zu ahnen sein, dass ein ähnliches Wechselspiel von Differenzierungen und Vereinigung auch in naturwissenschaftlicher Hinsicht die Geschichte des Kosmos und des Lebens bis hin zum Menschen entscheidend bestimmt.

Wechselseitige Verbindungen und Verflechtungen sind schon zu Beginn der kosmischen Geschichte entscheidend für die weitere Entwicklung. Indem sich Elementarteilchen zu Atomen, Atome zu Molekülen, Moleküle zu Zellen und Zellen zu Organismen vereinigen, treten jeweils neue Eigenschaften auf, die auf der unteren Komplexitätsstufe noch nicht vorhanden sind. Die Vorstellung von der evolutiven Entwicklung des Lebens als ein Konkurrenzkampf von „egoistischen Genen", wie sie vom atheistischen Biologen Richard Dawkins beschrieben wird, ist also nur die eine Seite der Medaille. Um das Bild zu vervollständigen, müsste auch der komplementäre Aspekt von „geselligen Genen" hinzutreten, die die Zellen dazu treiben, sich in Gemeinschaften zu organisieren. Spezialisiert und arbeitsteilig wachsen sie zu etwas Größerem zusammen und erlangen eine neue Komplexitätsstufe, die mehr ist als die Summe ihrer Bestandteile – so wie der Wald nicht die Summe seiner Bäume ist, sondern millionenfach voneinander abhängiges Leben birgt.

Für die philosophische Deutung dieses Zusammenhangs von Sein und Vereinigung ist insbesondere der Jesuit, Philosoph und Paläontologe Pierre Teilhard de Chardin bekannt. Er drückte diese Beziehung in zwei grundlegenden Sätzen, sogenannten metaphysischen Axiomen aus: „Mehr Sein ist es, mehr aus mehreren vereinigt zu werden" (*Plus esse est plus a pluribus uniri*). Und: „Mehr Sein ist es, mehreres mehr zu vereinen" (*Plus esse est plus plura unire*). Damit ist ausgedrückt: Gehen die einzelnen Bestandteile eine Verbindung ein, geben sie damit ihre Identität nicht auf. Vielmehr verwirklichen sie sich umso mehr, je mehr sie sich in das größere Ganze, in ein „Mehr" eingliedern, welches in den einzelnen Bestandteilen als Möglichkeit angelegt ist. Ganz von Beginn der kosmischen Geschichte an wohnt der ersten kosmischen Suppe von Quarks und Leptonen und ihren Kräften diese unendliche Fülle von

Möglichkeiten inne. Die Ausdifferenzierung von Unterschiedenem aus Gleichem birgt jedes Mal wieder neue Möglichkeiten, zu etwas Neuem kombiniert zu werden. Der Mensch kann sich vor diesem Hintergrund neu verstehen als Ergebnis eines Jahrmillionen dauernden Vereinigungsprozesses. Er erkennt sich als Wesen, das aus Unterscheidung und Beziehung hervorgegangen ist und das sich weiterhin nach Beziehung und Einswerdung sehnt. Erich Fromm schreibt in seiner *Kunst des Liebens*: „Der Mensch aller Zeiten und Kulturen steht der Lösung dieser einen und immer gleichen Frage gegenüber: Wie die Getrenntheit überwunden, wie man das eigene individuelle Leben transzendieren und eins werden kann."

Wer gläubig ist, kann in diesem Zusammenspiel von Differenzierung und Beziehung in der Schöpfung eine Aussage Gottes über sich selbst sehen: Gott ist nach christlicher Auffassung dreieinig, d. h. als Vater, Sohn und Geist ist er *in sich selbst* Beziehung. Der erste Johannesbrief bringt diesen Charakter ins Wort mit der bekannten Spitzenaussage der Bibel: „Gott ist Liebe." Der Glaube an den dreieinen Gott trennt zwar Christen von Juden. Doch sowohl der jüdische als auch der christliche Glaube an Gott speisen sich wesentlich daraus, dass durch die Vereinigung mit Gott die tiefste Sehnsucht des Menschen nach Eins- und Ganzsein gestillt wird. Auf die Gemeinschaft mit Gott als dem Ziel der Schöpfung und dem Ziel der menschlichen Sehnsucht laufen die Schöpfungstexte der Bibel immer wieder hinaus. Mit diesem gemeinsamen Ziel sind die Menschen mit ihren Mitgeschöpfen als Gemeinschaft unterwegs in der Geschichte. Eindrucksvoll gezeichnet ist die auf Gott hin ausgerichtete Gemeinschaft der Geschöpfe in Psalm 148 mit dem Bild des gemeinsamen Musizierens. Der Psalm fügt alle Geschöpfe zu einem Chor zusammen, die im gemeinsamen Gesang ihren Schöpfer preisen:

1 *Halleluja!*
Lobt JHWH vom Himmel her.
Lobt ihn aus der Höhe.
2 *Lobt ihn, all seine Boten.*
Lobt ihn, all seine Heere.
3 *Lobt ihn, Sonne und Mond,*
lobt ihn, all ihr leuchtenden Sterne.
4 *Lobt ihn, ihr Himmel der Himmel,*
und ihr Wasser, die ihr über den Himmeln seid.
5 *Sie sollen loben den Namen JHWHs,*
denn er befahl und sie wurden geschaffen.
6 *Er stellte sie hin für immer und ewig.*
Ein Gesetz gab er ihnen, das nicht vergeht.
7 *Lobt JHWH von der Erde her.*
Ihr Seeungeheuer und all ihr Tiefen des Meeres.
8 *Feuer und Hagel, Schnee und Rauch,*
brausender Wind, der sein Wort vollzieht.
9 *Ihr Berge und all ihr Hügel,*
ihr Fruchtbäume und all ihr Zedern.
10 *Ihr wilden Tiere und alles Vieh,*
Kriechtiere und gefiederte Vögel.
11 *Ihr Könige der Erde und all ihr Völker,*
ihr Fürsten und all ihr Herrscher der Erde!
12 *Ihr Jünglinge und all ihr Jungfrauen,*
ihr Greise, vereint mit den Knaben.
13 *Lobet alle den Namen JHWHs,*
denn sein Name allein ist hoch erhaben.
Seine Hoheit überragt Himmel und Erde.
14 *Er hat seinem Volk Macht verliehen.*
Ein Lobpreis für alle seine Frommen,
den Söhnen Israels, dem Volk, das ihm nahe ist.
Halleluja!

Das kosmologische Weltbild dieses Psalms entstammt wiederum altorientalischem Denken. Demgemäß gliedert sich der Himmel in mehrere Schichten: In der höchsten Himmelsphäre, dem Himmel der Himmel (Vers 4) befinden sich die höchsten himmlischen Mächte und Gestirne. Über dem sichtbaren Himmel sind die überhimmlischen Wasser angesiedelt. Diese sind nach dem Schöpfungsbericht der Genesis aus den ursprünglichen Urgewässern abgeschieden, welche im Psalm ebenfalls – den himmlischen Wassern diametral entgegengesetzt – als Tiefen des Meeres und Wohnort der Seeungeheuer zum Lob aufgefordert werden. Würde man sich an Psalm 104 orientieren (vgl. Kapitel 6), könnte man im kosmischen Himmel auch Gottes Wohnsitz vermuten, der ja nach der Vorstellung des Dichters in den oberen Wassern seine Obergemächer baut. Doch nach diesem sucht man nach dem Weltbild von Psalm 148 vergebens. Auch an diesem Gegensatz von Psalm 104 und Psalm 148 zeigt sich der bereits erwähnte Aspekt Gottes, der nur in komplementären Perspektiven beschrieben werden kann: dass Gott nämlich sowohl *transzendent* (die sinnlich wahrnehmbare Welt übersteigend) als auch *immanent* (in der sinnlich wahrnehmbaren Welt gegenwärtig) ist.

Hier in Psalm 148 liegt der Fokus auf der Transzendenz: Als Adressat des Lobpreises befindet sich Gott jenseits des Himmels und jenseits der Himmel der Himmel. Die Himmelsbewohner jedoch scheinen Gott dennoch am nächsten zu stehen und die Lobaufforderung eigentlich gar nicht nötig zu haben, da sie von selbst wissen, was sie zu tun haben. Sie stehen ganz im Dienst JHWHs und geben im Lobpreis Gottes Antwort darauf, dass er sie durch sein Wort erschaffen hat. Sie sind mit ihrem Gotteslob Vorbild für die irdischen Geschöpfe, die zum Lob aufgefordert werden und zu denen sich auch meteorologische Phänomene gesellen: Feuer (Blitz), Hagel, Schnee, Nebel und Sturm. Mit Pflanzen und Tieren sowie unterschiedlichen

Menschengruppen sind sie zusammen Repräsentanten der ganzen Schöpfung und ihrer gegliederten Vielfalt.

Mitunter wird spekuliert, dass der Dichter bei der Aufzählung – möglicherweise indirekt – von enzyklopädischen Listen beeinflusst gewesen sein könnte, wie sie im alten Ägypten bekannt waren. Solche Verbindungen, so argumentieren einige Exegeten, würden das Anliegen belegen, den Kosmos möglichst vollständig abzubilden. Hierzu greift der Dichter jedoch auf ein anderes Mittel zurück – nämlich auf Zahlensymbolik: Insgesamt sind nämlich sieben himmlische und 23 irdische Elemente am Lobpreis beteiligt. Die Sieben als heilige Zahl deutet damit schon an, dass der himmlische Bereich Gott besonders nahesteht. Zwar können die Geschöpfe mit ihrer krummen 23 mit der schönen himmlischen Zahl Sieben nicht mithalten – doch vereinigt mit den himmlischen Geschöpfen ergibt sich wieder die runde Zahl Dreißig: Drei und Zehn stehen jeweils für Vollkommenheit, Ganzheit und Harmonie. In einer großen Gemeinschaftsaktion tun sich alle von dieser Ganzheit repräsentierten Geschöpfe wie zwei Halbchöre aus Himmel und Erde zusammen, um das ganze All mit ihrem Lobpreis zum Klingen zu bringen. Diese Gemeinschaftsaktion ist nicht nur in musikalischer, sondern auch in kosmologischer Hinsicht von Bedeutung: Die Geschöpfe tragen so zur Stabilität des Kosmos bei – denn nur so kann die geschaffene Welt auch zu ihrem Ziel und ihrer Vollendung gelangen. Dies geschieht in dem Psalm, indem die chaotischen Mächte nicht einfach zurückgedrängt und beseitigt, sondern ebenfalls in den Lobpreis einbezogen und in den Dienst Gottes gestellt werden. Damit ist dieselbe Vorstellung wie bei Wasserspeiern an mittelalterlichen Kathedralen verbunden: Schaurige Wesen und finstere Mächte werden dort aufs Kirchendach beordert, wo ihre ansonsten destruktiven Kräfte zur Ableitung des Regenwassers in geordnete und nützliche Bahnen gelenkt werden.

Für den Menschen heutzutage enthält der Text damit aus der Perspektive des biblischen Schöpfungsglaubens insgesamt die wichtige Botschaft: Er ist kein isoliertes Gegenüber der Schöpfung, die er als von ihm getrenntes Objekt betrachten kann. Vielmehr ist er als ihr Teil von ihr umfangen und umspielt. Er ist nicht nur selbst zum dankbaren Staunen über das Wunder seiner eigenen Existenz und des nicht selbstverständlichen Lebens angeregt. Die angemessene Antwort auf das Wunder der eigenen Existenz besteht darüber hinaus auch darin, als Geschöpf die Gemeinschaft mit den anderen Geschöpfen zu suchen, als kosmische Gemeinschaft Gott zu loben und mit ihm in jene Harmonie einzutreten, die für die ursprüngliche Schöpfung kennzeichnend ist. Dass diese Mitwirkung an dem gemeinschaftlichen Zusammenklang mit den Mitgeschöpfen nur gelingen kann, wenn er dabei auf den Takt der gesamten Schöpfung hört und dieser nicht umgekehrt seinen Rhythmus aufzwängt, liegt auf der Hand. Dieser ökologische Gedanke wird in Kapitel 11 noch näher beleuchtet werden.

10. Zwischen den Zeilen gelesen: Gottes Spur in der Natur

Manche Menschen grenzen sich von gläubigen Personen ab, indem sie sich als „religiös unmusikalisch“ bezeichnen. So treffend dieser Begriff den fehlenden Zugang zur Religion vielleicht beschreiben mag, drängt sich doch die Annahme auf, dass die nichtreligiösen Personen, dächten sie den Begriff zu Ende, wahrscheinlich doch lieber einen anderen wählen würden. Der Vergleich geht schließlich von der Aussage aus: Der Unmusikalische kann mit Musik weniger anfangen, da er weniger musikalisch begabt oder gebildet ist als der Musiker. So ähnlich soll es mit der Religion auch sein – es gibt in diesem Bereich begabtere und weniger begabte Menschen.

Dies einfach schulterzuckend für sich zu akzeptieren, setzt voraus, dass Musik wie Religion vielleicht schöne, aber dennoch verzichtbare Beiwerke für das Leben sind. Gäbe es Gott nicht, dann hätte der religiös Unmusikalische sogar den gesunden Realismus auf seiner Seite; der religiöse Mensch wäre derjenige, dem etwas fehlt. Ihm müsste man, wenn er bei einem noch so schönen Sonnenuntergang in ein Loblied für den Schöpfer ausbricht, massive Wahrnehmungsstörungen zuschreiben. „Religiöse Musikalität“ scheint also grundsätzlich verzichtbar. Würde die Mehrheit hingegen auf die Idee kommen, sich nach dem Schulabgang für „beruflich unmusikalisch“ zu erklären und mit dieser Begründung gleich einmal einen Antrag auf Frühverrentung stellen, würde der Staat schon bald für musikalischen Nachhilfeunterricht sorgen.

Grundsätzlich muss jeder, der sich für wie auch immer unmusikalisch hält, doch zugeben: Der Musiker hört mehr, und zwar Dinge, die real und nicht einfach herbeifantasiert sind. Während der Unmusikalische bei einem Stück eine

Ansammlung von Tönen hört, hört der Musiker Harmoniefolgen und Kadenzen heraus, er entdeckt Motive und Anspielungen, er taucht in die Welt eines Komponisten ein und empfindet dessen Freude, Trauer oder innere Kämpfe nach, die in seinem Werk ihre Spuren hinterlassen haben. Kein Mensch würde bezweifeln, dass der Musiker damit etwas Richtiges wahrnimmt und schlüssige Erkenntnisse daraus ableiten kann.

Vonseiten der Theologie hat man immer wieder zu begründen versucht, dass die Wahrnehmungen und Schlussfolgerungen der „religiös Musikalischen“ keine Fantasien sind, sondern sehr real. Mehr noch, man versuchte zu zeigen, dass sie dem gesunden Menschenverstand unmittelbar einsichtig sein müssten und damit eine religiöse Amusikalität eigentlich keine vernünftige Option sein kann. Eine wichtige Rolle bei diesem Zugang spielt der Blick auf die Natur und, damit verbunden, das gängige Argumentationsmuster: So wie jedes Bauwerk einen Baumeister braucht, braucht doch ein so großes Werk wie der Kosmos erst recht einen Architekten. Weil der Blick auf die Natur, kombiniert mit der natürlichen Vernunft des Menschen, zur Erkenntnis Gottes führen soll, bezeichnet man diesen Zugang zu Gott als „natürliche Theologie“: Diese natürliche Theologie wird von ihren Vertreterinnen und Vertretern sozusagen als Partnerin der Offenbarungstheologie gesehen. Offenbarungstheologie hat zum Inhalt, dass Gott sich offenbart, dass also Gott den Menschen selbst seine Visitenkarte aushändigt, anstatt ihn allein mit seiner Vernunft und seinen Spekulationen über ein höheres Wesen im Dunkeln tappen zu lassen. Dies tut Gott besonders dann, wenn er sich Moses im brennenden Dornbusch vorstellt mit dem Namen „Ich bin der, der ich für euch da bin“. Mit diesem Namen stellt er zugleich sein Programm vor. Es besteht darin, dass er mit seinem Volk mitgeht, es aus Ägypten befreit und durch das Rote Meer führt. Für Christen findet die Offenbarung Gottes in Jesus Christus ihren Höhepunkt: In dem Menschen Jesus von Nazareth kann der Mensch erfahren, wie Gott wirklich ist, was ihm durch die Vernunft allein verwehrt bleiben würde. Dass Gott nämlich Liebe ist und deswegen Mensch wird, dass der menschgewordene Gott sich am Kreuz für die Menschen hingibt und uns durch seine Auferstehung ewiges Leben schenkt – dass man hierauf beim besten Willen nicht allein aus Vernunftargumenten kommt, ist inzwischen Konsens in der katholischen wie in der evangelischen Theologie.

Letztere hat traditionell die skeptischere Position vertreten und stark bezweifelt, ob die menschliche Vernunft überhaupt imstande ist, irgendetwas Richtiges über Gott auszusagen. Die Vernunft des Menschen sei nämlich durch dessen Sündhaftigkeit anfällig für Irrtümer. Daher könne man allein durch die Offenbarung Gottes Wahres über Gott aussagen und auch Theologie betreiben. Allen voran erteilte der evangelische Theologe Karl Barth jedem Versuch der Erkenntnis Gottes mit der Vernunft eine vehemente Absage, die er in einem Aufsatz mit dem sprechenden Titel *Nein!* entfaltete. In der Geschichte der katholischen Theologie dagegen behielt neben der Offenbarung in der Bibel auch die Erkennbarkeit Gottes in der Natur durch die natürliche Vernunft einen höheren Stellenwert. Mittlerweile haben sich die Positionen in der evangelischen und katholischen Theologie weitgehend angeglichen, zumal auch die katholische Theologie anerkennt, dass die menschliche Vernunfterkenntnis die Offenbarung Gottes niemals ersetzen könnte und diese allenfalls ergänzt. Das Zusammenwirken vom „Buch der Natur" und dem „Buch der Offenbarung" als Erkenntnisquellen über Gott hat sich damit über konfessionelle Grenzen hinweg verbreitet.

Auch für die frühen Naturwissenschaftler des 18. Jahrhunderts war das „Buch der Natur" eine wichtige Quelle zur Erkenntnis über Gott, welches das „Buch der Offenbarung" nicht verdrängen wollte, sondern ergänzte und bereicherte. Das Buch der Natur zu lesen und zu verstehen, Gottes Weisheit in der Natur auf den Grund zu gehen, war eine wichtige Triebfeder für den Beginn der Naturwissenschaften. Experimente im Labor waren sozusagen Gottesdienste; die Experimentatoren entnahmen der Natur eine göttliche Botschaft, so wie Gottesdienstbesucher in der Schriftlesung Gottes Wort vernehmen. Umgekehrt inspirierte die Entwicklung der Naturwissenschaften auch die Theologie, den Gottesglauben möglichst naturwissenschaftlich, mit „natürlicher Theologie" zu begründen.

Ein wichtiger Vertreter dieser natürlichen Theologie war der britische Theologe William Paley. Paley versuchte besonders eindringlich herauszustellen, dass Einblicke in die Natur ganz objektiv und nachweislich Schlussfolgerungen auf die Existenz Gottes zulassen. So machte er das Prinzip der natürlichen Theologie mit dem Beispiel einer Uhr deutlich, die jemand am Strand findet: Die Existenz der Uhr lasse zwingend auf die Existenz eines Uhrmachers schließen. Bei Lebewesen sei daher der Schluss auf einen Schöpfer genauso konsequent. Auch die Evolutionstheorie, gemäß derer sich die Lebewesen durch Fortpflanzung und ständige Anpassung an ihre Umwelt weiterentwickeln, kann diese Argumentation nach Paley nicht ins Wanken bringen. Im Gegenteil: Ein Uhrmacher, der in seine Uhr einen Reproduktionsmechanismus einbaut, müsste noch weit mehr für seine Fähigkeit bewundert werden; niemand käme deswegen auf die Idee, an seiner Existenz zu zweifeln.

Auch bei mittlerweile weit fortgeschrittenem Wissen über die Mechanismen der Evolution sind ähnliche Denkmuster weiterhin verbreitet. Sie lassen sich dem Sammelbegriff „Intelligent Design" zuordnen. Beispielsweise wird, wie in Kapitel 6 erwähnt, die Existenz unseres „feinabgestimmten" Universums für solche Argumentationen herangezogen; allen voran von dem Philosophen Richard Swinburne. Mit ausgeklügelter

Wahrscheinlichkeitsrechnung versucht Swinburne zu zeigen, dass die Annahme der Existenz eines Schöpfers die weit höhere Wahrscheinlichkeit und Plausibilität für sich verbuchen kann als Spekulationen über Paralleluniversen. Außerdem hat im Zusammenhang mit solchen modernen „Gottesbeweisen" in den letzten Jahrzehnten der Begriff „irreduzible Komplexität" Aufmerksamkeit erlangt, wofür besonders der Biochemiker Michael Behe steht. Irreduzibel komplex ist ein System nach Behe dann, wenn keines seiner Elemente weggelassen werden kann, damit es als Ganzes seine Funktion weiterhin erfüllen kann. Dieses Prinzip veranschaulicht Behe am Beispiel einer Mausefalle: Diese besteht aus einem Holzbrett, einem Metallstift, einem Metallbügel, einer Feder und einem kleinen Brettchen, auf dem der Köder befestigt wird. Keines dieser Elemente ist für die Funktion der Mausefalle entbehrlich. Würde man annehmen, so die Argumentation Behes, dass sich ein solches System nach dem Prinzip einer Selbstoptimierung evolutiv, also durch Mutation und Selektion entwickelt hätte, dann müsste irgendwann ein Sprung von einer nichtfunktionierenden zu einer funktionierenden Mausefalle stattgefunden haben. Doch wie sollte zuvor eine nichtfunktionierende Mausefalle überhaupt eine Chance im evolutiven Wettbewerb gehabt haben?

Nun sind Mausefallen keine biologischen Systeme, doch führt Behe auch aus diesem Bereich einige Beispiele an, die wie eine Mausefalle irreduzibel komplex sind. Zuvorderst das Geißelbakterium, das mit einem komplexen, auf elektrischen Reizen basierenden, motorartigen Antrieb offensichtlich schon lange vor der Automobilindustrie den Sprung in die E-Mobilität geschafft hat. Ebenso irreduzibel komplex sind beispielsweise Proteine, die für ihre jeweiligen Funktionen ganz speziell konstruiert scheinen. Die Schlussfolgerung: Die Evolutionstheorie greife zur Erklärung der irreduzibel komplexen Phänomene zu kurz – ohne einen Konstrukteur, einen intelligenten Designer seien sie nicht hinreichend erklärbar. Schließlich habe Darwin selbst seine Theorie für hinfällig erklärt, sollten komplexe organische Systeme nachgewiesen werden, die nicht durch viele aufeinanderfolgende leichte Modifikationen gebildet worden sein können.

Also doch Gott statt Darwin und Schöpfung statt Evolution? Die Gefahr von solchen sogenannten „Gottesbeweisen" liegt auf der Hand: Wo immer Gott in die Lücken naturwissenschaftlichen Wissens gedrängt wird, ist er bereits zum Lückenbüßergott degradiert. Ein Glaube an einen solchen Gott, der im naturwissenschaftlich Unerklärbaren sein Refugium hat, müsste naturwissenschaftlichen Fortschritt unweigerlich als Bedrohung sehen. Dietrich Bonhoeffer schrieb hierüber nach seiner Gefangennahme durch die Nationalsozialisten in einem Brief vom 29.5.1944 an seinen Freund Eberhard Bethge: „In dem, was wir erkennen, sollen wir Gott finden, nicht aber in dem, was wir nicht erkennen; nicht in den ungelösten, sondern in den gelösten Fragen will Gott von uns begriffen sein. [...] Gott ist kein Lückenbüßer; nicht erst an den Grenzen unserer Möglichkeiten, sondern mitten im Leben muß Gott erkannt werden."

Für gläubige Naturwissenschaftler ist diese Option weit ansprechender. Sie dürfen so Gottes Wirken in naturwissenschaftlich beschreibbaren und erklärbaren Phänomenen sehen, anstatt ihn in immer kleiner werdende Erklärungslücken hineindrängen zu müssen. Und selbst wenn diese Erklärungslücken niemals geschlossen werden würden, würde man Gott damit aus den naturwissenschaftlich durchdrungenen Gebieten herausbefördern. Wir wären damit wieder bei Formen der kognitiven Eintönigkeit angelangt, bei denen sich religiöse und naturwissenschaftliche Sicht nicht zu nahe kommen, allenfalls als Parallelklänge nebeneinander existieren dürften. Nach dieser Sicht wären aber Aussagen, die sich in der Sache überschneiden bzw. sich komplementär zueinander verhalten – „Gott hat den Menschen geschaffen" *und* „Der Mensch ist aus der Evolution hervorgegangen"; es gibt „Urknall und Schöpfung" –, nicht mehr möglich. Damit wäre Naturwissenschaftlerinnen und Naturwissenschaftlern zugleich die Möglichkeit genommen, gerade die verstandenen Bereiche zu deuten und mit einer Sinnperspektive zu versehen. Das *„und"* hingegen, im Lateinischen *„et … et"*, welches unterschiedliche Perspektiven auf einen Sachverhalt zusammenführt, ist gerade kennzeichnend für komplementäres Denken.

Dieses komplementäre Denken wird auch von biblischen Texten bezeugt. Das heißt, dass biblische Verfasser trotz aller zeitlichen und kulturellen Unterschiede in derselben Welt lebten und dieselben Sinneserfahrungen in Bezug auf die sie umgebende Natur machen konnten wie wir – und diese Erfahrungen mit einer religiösen Perspektive verknüpften. Dies soll nicht bedeuten, dass in biblischen Texten nicht auch von mystischen Gotteserfahrungen die Rede sein kann, die über den Bereich gewöhnlicher, religiös gedeuteter Erfahrungen hinausgehen. Doch geben die biblischen Texte außerdem beispielhaft vor, wie man die alltäglichen Erfahrungen wie etwa von Wetterphänomenen und Beobachtungen in der Tier- und Pflanzenwelt mit dem Glauben an einen für das Auge unsichtbaren Gott verbinden und damit mit einer Sinnperspektive versehen kann. Dass sich in diesen Glauben auch hin und wieder Zweifel an der Nähe und am Wirken Gottes einschleichen, gehört ganz selbstverständlich zur biblischen Überlieferung dazu. Solche Zweifel finden ihren Niederschlag in manchen Psalmen oder den erwähnten prophetischen Reden, die diesen Zweifeln entgegenwirken und den Glauben stärken wollen. Diese Texte verweisen gerade deshalb nicht auf einen vermeintlich offensichtlichen Gott, der für jedermann sichtbar in den natürlichen Verlauf der Dinge eingreift. Damit würden sie sich von der gewöhnlichen

Erfahrungswelt ihrer Leserinnen und Leser zu weit entfernen. Vielmehr regen sie wie etwa der bereits angeführte Psalm 104 dazu an, die unscheinbaren Spuren Gottes wahrzunehmen, bei dem man zwischen den Zeilen seiner Schöpfung lesen muss, um sein Wirken in der Welt zu erkennen.

Es gibt allerdings in der Bibel auch Texte, die den Sprung von der sichtbaren Welt in die dahinterstehende unsichtbare Wirklichkeit sehr deutlich einfordern. Ein biblischer Text, der diesen Sprung besonders eindrücklich ins Wort fasst und mit denen ins Gericht geht, die nicht von der sichtbaren Dimension zur unsichtbaren vordringen, findet sich im Buch der Weisheit. Dieses gilt als das späteste Werk des Alten Testamentes. Es wurde auf Griechisch verfasst; teils wird seine Entstehung in die Zeit der Ptolemäerherrschaft, mehrheitlich jedoch in die römische Epoche im ersten Jahrhundert n. Chr. datiert. Wahrscheinlich wurde es im ägyptischen Alexandria abgefasst. Für Alexandria als Entstehungsort spricht die große jüdische Bevölkerung, die sich dort in der Diaspora angesiedelt hatte und mit der ägyptischen Kultur in Kontakt gekommen war. Die hier praktizierten, mit dem JHWH-Glauben unvereinbaren Tierkulte werden genauso an den Pranger gestellt wie die Verehrung von Götzenbildern. Quittiert werden diese Praktiken im Buch der Weisheit mit dem Zugrundegehen der Ägypter (Weish 11–19), wobei der Text auf das Buch Exodus, vor allem auf die ägyptischen Plagen und das Meerwunder zurückgreift.

Neben den Kontakten mit ägyptischen Bräuchen kam die jüdische Diasporagemeinde besonders auch mit der griechischen Sprache und Kultur in Berührung, die in diesem Zeitraum den Mittelmeerraum beherrschte. So verwundert es nicht, dass der Verfasser des Buches der Weisheit auch Begriffe und Gedanken aus der gängigen griechischen Populärphilosophie übernahm, die damals besonders von der Stoa beeinflusst war. Zur Geisteswelt der Stoa gehört besonders der Gedanke, dass im Kosmos eine Harmonie und Zweckmäßigkeit wahrzunehmen sind, die auf eine Art göttliche Weltvernunft zurückschließen lassen, die in die Schöpfung hineingelegt ist. Indem er auf diese stoischen Gedanken zurückgreift, verfolgt der Verfasser die Absicht, damalige Vernunftargumente in das jüdische Denken zu integrieren. Damit möchte er auch nach außen den JHWH-Glauben als wahr und mit dem damaligen Vernunftanspruch vereinbar präsentieren. Im folgenden Text verbindet sich beides: die Kritik an ägyptischen Kulten, die die Gestirne als Götter verehren, sowie gängige Begriffe des Hellenismus wie etwa „das Seiende", „Unkenntnis" und „Schönheit". Zentral für den Text ist außerdem der Begriff *„analog"*.

Weish 13

1 *Töricht [waren] von Natur aus alle Menschen, bei denen Unkenntnis über Gott war.*
Denn aus den guten sichtbaren Dingen konnten sie nicht den Seienden sehen,
und als sie sich den Werken zuwandten, erkannten sie den Künstler nicht.

2 *Dagegen hielten sie das Feuer, den Wind, den Sternenkreis,*
das gewaltige Wasser und die Himmelsleuchten, die Herrscher der Welt, für Götter.

3 *Wenn sie aber schon, durch ihre Schönheit erfreut, diese für Götter hielten,*
sollten sie erkennen, um wie viel besser deren Gebieter ist,
denn der Urheber des Schönen hat sie geschaffen.

4 *Wenn sie schon über die Stärke und die Kraft erstaunt waren,*
sollten sie verstehen, um wie viel mächtiger derjenige ist, der sie geschaffen hat.

5 *Denn aus der Größe und Schönheit der Geschöpfe*
kann analog *ihr Schöpfer wahrgenommen werden.*
6 *Aber vielleicht liegt bei diesen nur geringer Grund zur Klage vor,*
denn auch sie werden vielleicht in die Irre geführt,
wenn sie Gott suchen und nach ihm verlangen.
7 *Denn durch seine Werke abgelenkt, forschen sie*
und werden eingenommen von ihrem Äußeren, denn was sie sehen, ist schön.
8 *Auf der anderen Seite sind auch sie nicht zu entschuldigen,*
9 *denn wenn sie so viel zu erkennen fähig waren,*
sodass sie die Welt erforschen konnten,
warum fanden sie nicht schneller den Gebieter von alldem?

Der logische Analogieschluss in Vers 5 ist aus der hellenistischen Philosophie und Rhetorik übernommen: Analog zur Größe und Schönheit der Geschöpfe lässt sich auf die Größe und Schönheit des Schöpfers schließen. Der Verfasser will mit dieser philosophischen Argumentation nicht nur jeden Einwand aus der hellenistischen und philosophisch gebildeten Umwelt gegen die Vernünftigkeit des JHWH-Glaubens widerlegen. Darüber hinaus beschuldigt er seine Umwelt quasi mit deren eigenen Waffen sogar der Unvernunft, wenn sie den Glauben an einen unsichtbaren Schöpfer ablehnt. Selbst mit dem imaginären Einwand ab Vers 6, man könnte ja bei der Suche nach der Ursache alles Schönen bei den Geschöpfen selbst hängen bleiben, lässt der Verfasser die von ihm Getadelten nicht davonkommen.

Heutzutage würde eine solche Argumentation einen Atheisten wohl kaum dazu bewegen, vom Blick auf die Helligkeit der Sonne in Lobgesänge auf den Schöpfergott auszubrechen. Nüchtern betrachtet setzt auch hier die Argumentation des Verfassers bereits den Glauben an Gott voraus, bevor sie ihn gewissermaßen „beweisen“ kann. Diese Argumentation sollte man jedoch nicht mit heutigen mathematisch-naturwissenschaftlichen Beweisführungen vergleichen. Fairerweise kann man eher nach ähnlichen rhetorischen Lehrreden derselben Epoche suchen. Bei Cicero etwa finden sich ähnliche Analogieschlüsse von staunenswerten oder furchteinflößenden Phänomenen der Natur oder der Harmonie der Himmelsbewegungen auf eine Ahnung des Göttlichen. So gesehen beinhaltet der Text mit seinen Bezügen zur hellenistischen Gedankenwelt eine wichtige Botschaft: Es ist legitim und liegt auf der Linie der Bibel selbst, wenn der überlieferte Glaube mit dem Wissen der Zeit in Verbindung gebracht und als vernunftgemäß dargestellt wird. Heutzutage dürfte es mit diesem Anliegen, wenn es sich Theologinnen und Theologen zu eigen machen, keinen Weg um die Naturwissenschaften herum geben. Dabei ist jedoch klar: Weder die Erkenntnisse der Naturwissenschaften noch naturwissenschaftliche Rätsel wie das „feinabgestimmte“ Universum können *Beweise* für die Existenz des Schöpfers liefern. Was der Text jedoch auch in die heutige Zeit hinein vermitteln kann, ist der bleibende Wert eines Analogiedenkens.

Wenn wir uns diesen Wert heute vielleicht wieder neu ins Bewusstsein rücken müssen, ist es hilfreich, den Begriff „analog“ aus dem etwas einseitigen und unglücklichen Gegensatzpaar „analog-digital“ und damit aus der Rolle des rückständigen Opponenten zum digitalen Zeitalter zu befreien. Oder vielleicht direkt dort angefangen: Als Menschen fungieren wir auch im Umgang mit digitalen, binären, aus Einsen und Nullen aufgebauten Informationen als ständige Digital-Analog-Wandler. Wir übersetzen stufenförmige, aus Nullen und Einsen zusammengesetzte digitale Datensätze zurück in unsere stufenlose, analoge Gedankenwelt. Einen digital angezeigten Zeit*punkt* übertragen wir in eine *kontinuierliche* Vorstellung, welche Zeitdauer wir bis zum Feierabend noch im Büro verbringen müssen. Unsere stufenlose Zeitvorstellung entspricht damit eher der Analoguhr, die uns mit ihren Zeigern wie mit einem Tortendiagramm die verstrichene und die noch verbleibende Zeit vor Augen führt. Die *Analogstruktur* unseres Denkens zeigt sich vor allem auch darin, wenn wir uns gedanklich und sprachlich einen Begriff von etwas machen; wenn wir also einzelne Wesen, Dinge oder Phänomene unter einem gemeinsamen Begriff wie z. B. „Hund", allgemeiner noch „Tier" oder „Wetter" subsumieren. Wir stellen dabei Analogien zwischen konkreten Phänomenen zu abstrakten, kontinuierlichen Gedankengebilden her, die durch kein sichtbares Einzelphänomen vollständig repräsentiert werden können. Es ist für uns außerdem selbstverständlich, dass sich Redensarten wie „Zu viele Köche verderben den Brei" auch auf nichtgastronomische Situationen anwenden lassen, in denen zu viele Personen in einen Vorgang hineinreden. Unser Denken ist geprägt von Analogie- und Begriffsbildung und erfordert daher ständige Transferleistungen vom Konkreten ins Kontinuierliche, Umfassendere. Auch in der Theologie kann die Rede über Gott nur in Analogien erfolgen, etwa wenn wir von ihm als „Vater" sprechen.

Der Verfasser des Buchs der Weisheit, so könnte man sagen, erwartet eine ähnliche Transferleistung von der konkret sichtbaren zu einer umfassenderen unsichtbaren Welt. Er geht davon aus, dass die konkrete sichtbare Welt in einem Entsprechungsverhältnis zu einer sie umschließenden unsichtbaren Wirklichkeit steht: in einem analogen, entsprechenden Verhältnis *Geschöpfe* zu *Schöpfer*. Der Umkehrschluss des Verfassers lautet: Wer die konkrete sichtbare Welt für die einzig wirkliche hält und gedanklich nicht zu ihrem unsichtbaren Grund vordringt, hat es nach damaligem Denken versäumt, zwischen den Zeilen zu lesen, was uns die sichtbare Welt über ihren unsichtbaren Schöpfer zu sagen hat. Bei allem Zweifel, ob dieser Umkehrschluss heutigen Beweisansprüchen standhalten kann – aktuell bleibt für den Gläubigen der Gedanke: Der Gottesglaube regt dazu an, zwischen den Zeilen der beobachteten Natur zu lesen, die Welt – gerade auch die naturwissenschaftlich erfasste – in einer Offenheit für das Übersinnliche zu deuten und in einem anderen Licht zu sehen.

Apropos „zwischen den Zeilen lesen“: Der Begriff „intelligent“ kommt vom lateinischen *intus-legere*, was wörtlich „dazwischen lesen“ heißt. So gesehen könnte eine etwas umformulierte Variante von Vers 1 auch heute noch Gültigkeit beanspruchen: Töricht sind die, die nicht zwischen den Zeilen lesen können. Und, so könnte man ergänzen, sich den daraus ergebenden existenziellen Fragen nicht stellen wollen. Dagegen kann man sagen, dass die ganze Bandbreite biblischer Schöpfungstexte das Zwischen-den-Zeilen-Lesen der Welt praktiziert und eindrücklich vor Augen führt. Es geht den Texten um eine Weisheit, die sowohl den Text der Natur als auch die Zwischenräume des Textes lesen will, aus denen eine Botschaft über Gott und über den Menschen zu entnehmen ist: Die Weisheit sucht nach Ordnungen in der Natur und nach einer Ordnung des Lebens. Sie sucht nach den Spuren Gottes in der Schöpfung und nach seinen Spuren in der eigenen Lebenswirklichkeit. Sie erkennt das Wunder des menschlichen Lebens und sucht nach Möglichkeiten, wie dieses geschenkte Leben gelingend gestaltet werden kann. Sie erkennt die Gesetzmäßigkeit des Kosmos und die Gesetzmäßigkeit, in die sich der Mensch für ein gelingendes Leben einzufügen hat. Sie lässt ihn staunen über seine eigene Intelligenz und technischen Fähigkeiten, gibt ihm jedoch auch Maßstäbe an die Hand, wie er sie zum Wohl seiner selbst und seiner Mitgeschöpfe einsetzen soll.

In Bezug auf die Physik bringt diesen Gedanken der britische Astrophysiker Arthur Stanley Eddington wie folgt zum Ausdruck: „Wenn aber die Physik nicht einmal bestimmen kann, in welcher Richtung ihre eigene Welt betrachtet werden soll, um wieviel weniger können wir von ihr Führung in ethischen Dingen erhoffen. Wir vertrauen einem inneren Sinn für das Gemäße, wenn wir die physikalische Welt in der Richtung gegen die Zukunft orientieren, und ebenso müssen wir einem inneren Mahner vertrauen, wenn wir die geistige Welt in der Richtung nach dem Guten orientieren."

So führt die Weisheit als eine solche innere Mahnstimme mit der Erkenntnis von Naturgemäßem und der richtigen Gewichtung von Wichtigem und Unwichtigem, was lebensförderlich- und abträglich ist, mitten hinein in ein ökologisches Bewusstsein.

11. Prima fürs Klima: Bibel und Ökologie

Nach landläufiger Meinung hat die Bibel, selbst wenn sie von Schöpfung spricht, nicht viel zu deren Bewahrung beigetragen – im Gegenteil wird ihr eine Mitschuld an ihrer rücksichtslosen Ausbeutung vorgeworfen. Schuld daran ist nach verbreiteter Meinung der Schöpfungstext der Genesis mit dem Auftrag Gottes an den Menschen: „Macht euch die Erde untertan." Dieser Auftrag, dass der Mensch stellvertretend für den Schöpfergott Herrschaft ausüben soll, wird mit zwei Verben formuliert: *kabasch* und *radah. Radah* kann militärische Herrschaft (wie in Lev 26,17) oder das souveräne Herrschen eines Königs bedeuten. Man kann den Begriff aber auch ganz friedlich verstehen. So bezeichnet er auch das Umherziehen des Hirten mit seiner Herde. Wenn der Mensch über die Schöpfung ein königliches Herrschertum ausübt, so könnte man diesen Zusammenhang deuten, dann bitteschön nach Art eines guten Hirten, der sich um das Wohl seiner Herde sorgt, ja sogar sein Leben für sie einsetzt.

Eine solch friedliche Lesart ist für das Wort *kabasch* weit schwieriger: In Num 32,29 oder 2 Sam 8,11 wird damit die Unterwerfung im Kampf besiegter Völker oder Territorien wiedergegeben; in Jer 34,11.16 sogar die Unterjochung von Sklaven. Diese für unsere heutigen Vorstellungen befremdlich militante Begriffswahl wird mitunter so erklärt: Wenn der Mensch Sachwalter und Hirte der Schöpfung sein will, dann muss er, wenn es darauf ankommt, auch als souveräner Herrscher auftreten können. Besonders die sich immer wieder aufbäumenden destruktiven Mächte, die die Schöpfung mit all ihrer Schönheit und Ordnung am liebsten wieder ins Chaos stürzen wollen, muss er entschieden in die Grenzen weisen und mit harter Hand zurückdrängen. Für eine Deutung der Begriffe in einem Sinn, der nicht rücksichtsloses Niedertrampeln, sondern ökologische Sensibilität beinhaltet, spricht außerdem, dass der Mensch nach dem Schöpfungstext in der Genesis noch Vegetarier ist. Nach dem Schöpfungsbericht im Buch Genesis ist das Zusammenleben zwischen Mensch und Tier im gemeinsamen Lebensraum noch ohne Blutvergießen geregelt:

Siehe, ich gebe euch alles Gewächs, das Samen bildet auf der ganzen Erde, und alle Bäume, die Früchte tragen mit Samen darin. Euch sollen sie zur Nahrung dienen. Allen Tieren der Erde, allen Vögeln des Himmels und allem, was auf der Erde kriecht, das Lebensatem in sich hat, gebe ich alles grüne Gewächs zur Nahrung. (Gen 1,27–28, EÜ)

Die Erlaubnis zur Tiertötung wird erst in Gen 9,3 nach der Sintflut zur Kanalisierung der menschlichen Aggression eingeführt. Nach den menschlichen Gewaltexzessen, die Gott nach der biblischen Erzählung zur Sintflut und zu einem Neuanfang veranlassten, lautete die Devise: Wenn ihr schon unbedingt töten müsst, dann bringt euch wenigstens nicht gegenseitig um. Nichtsdestoweniger kann man nicht gänzlich abstreiten, dass der biblische Herrschaftsauftrag in der Geschichte oftmals als Vorwand für einen rücksichtslosen Umgang mit der Natur herangezogen wurde. Vonseiten der Bibelwissenschaften gilt es daher, immer wieder die friedliche und ökologische Dimension des Textes ins Bewusstsein zu rücken.

Wenn man heute nach destruktiven Mächten Ausschau hält, die die Schöpfung bedrohen, dann müsste man diese als vom Menschen selbst heraufbeschworen sehen – der Mensch sollte zusehen, dass er der Schöpfung wieder in ihr ursprüngliches Gleichgewicht zurückverhilft, das er durch sein Auftreten gestört hat. Sehr nachdrücklich weisen uns Klimatologen zurzeit auf die Gefahr sogenannter Kippeffekte hin wie das Abtauen der Permafrostböden und des Polareises. Diese sind nicht mehr rückgängig zu machen, sondern stoßen einen Dominoeffekt an, der das Klima gänzlich aus dem Gleichgewicht wirft und katastrophale Konsequenzen nach sich zieht. Träten diese Szenarien durch das Verschulden des Menschen ein, dann hätte der Mensch endgültig aus dem Hüten ein Niedertrampeln gemacht. In biblischer Perspektive hätte der Mensch nicht nur politisch oder gar technologisch versagt. Vielmehr ist ein Mensch, der den Planeten aus der Bahn wirft, seiner eigentlichen Berufung als Hüter der Welt nicht gerecht geworden. *Homo sapiens* ist aus biblischer Sicht nämlich keine Diagnose für einen an Überhitzung erkrankten Planeten, der besser in dessen Geschichte niemals aufgetreten wäre. Seine eigentliche Berufung als „wissender Mensch“ besteht darin, sich einzufügen in ein Gleichgewicht und in ein Beziehungsnetz mit Gott, Mitmenschen und Schöpfung. Die Theologie bezeichnet die Störung dieser Beziehungsharmonie durch den Menschen als Sünde. Die Sünde bringt den Menschen von seiner eigentlichen Berufung ab. Sündig verhält sich der Mensch auch dann, wenn er an die oberste Stelle Eigennutz und die Profitmaximierung setzt. Papst Franziskus schreibt daher in seiner Enzyklika *Laudato si'*, seinen Vorgänger Benedikt XVI. zitierend, dass die Schädigung der Schöpfung dort einsetze, „wo wir selbst die letzten Instanzen sind, wo das Ganze uns einfach gehört und wir es für uns verbrauchen. Und der Verbrauch der Schöpfung setzt dort ein, wo wir keine Instanz mehr über uns haben, sondern nur noch uns selber wollen.“ (Laudato si', Abs. 6)

Als Gegenbeispiel eines Menschen, der diesen Beziehungsbruch mit Gott, Mitmensch und Schöpfung überwunden hat, weist er auf seinen Namenspatron hin, den Heiligen Franziskus von Assisi, dessen Frieden mit allen Geschöpfen als beispielhaft gilt. Über diese von ihm vorgelebte Beziehungsharmonie schreibt Papst Franziskus: „Alles ist aufeinander bezogen, und alle Menschen sind als Brüder und Schwestern gemeinsam auf einer wunderbaren Pilgerschaft, miteinander verflochten durch die Liebe, die Gott für jedes seiner Geschöpfe hegt und die uns auch in zärtlicher Liebe mit ‚Bruder Sonne', ‚Schwester Mond', Bruder Fluss und Mutter Erde vereint." (Laudato si', Abs. 92)

In die Sprache eines modernen ökologischen Bewusstseins übertragen appelliert der Papst, dass der Mensch nach dem Vorbild der Geschöpfe seinen Platz im ökologischen System einnimmt, „die Gesetze der Natur und die empfindlichen Gleichgewichte unter den Geschöpfen auf dieser Welt" (Abs. 68) respektiert. Dies erfordert etwa mit Blick auf die von ihm beklagte Wegwerfkultur, an den nachhaltigen, aufeinander abgestimmten zyklischen Funktionsweisen der natürlichen Ökosysteme Maß zu nehmen. Die biblische Aufforderung an den Menschen, die Erde zu bebauen und zu behüten, äußert sich in dieser Perspektive in einem nachhaltigen Umgang mit den Ressourcen und in der Sorge um den Fortbestand ihrer Fruchtbarkeit.

Papst Franziskus tritt in seiner Enzyklika mit einem sehr grundsätzlichen Ansatz für ein erneuertes ökologisches Bewusstsein ein, anstatt sich in technischen und funktionalen Handlungsanweisungen zu verlieren. Der notwendige Gesinnungswandel geht damit einher, die Natur wieder neu als Schöpfung Gottes und den Menschen als einen Teil von ihr wahrzunehmen. Damit stellt er sich in eine Linie mit dem Anliegen biblischer Verfasser. Besonders im Buch der Psalmen wird man mit Blick auf diese Botschaft reichlich fündig, wie in Kapitel 7 dargestellt worden ist. Alles in der Schöpfung ist nach der Wahrnehmung des Psalmisten weise und bedacht aufeinander abgestimmt. Der Psalmist teilt mit dem heutigen naturwissenschaftlichen Blick auf den Kosmos das Bewusstsein, dass das Leben nicht selbstverständlich, sondern von vielen Voraussetzungen und einem Zusammenspiel und Ineinandergreifen unterschiedlicher Phänomene abhängig ist. Er zeigt ein Gespür für das sensible ökologische Gleichgewicht auf der Erde und die sensible Abstimmung von unterschiedlichen Lebensräumen. Dieses weise abgestimmte Gleichgewicht ist nicht auf maximale Effizienz, auf Funktionalität und Nützlichkeit ausgelegt, sondern es ist für den Psalmisten vielmehr Ausdruck von Gottes Großzügigkeit, von überfließender Zuwendung und Liebe zu seinen Geschöpfen. Beachtet der Mensch also das Gleichgewicht der Natur, ist ihm auch Genuss und Lebensfreude vergönnt.

Dennoch ist die Schöpfung nicht allein für den Menschen da. In dieser Hinsicht nimmt Psalm 104 eine andere Perspektive ein als die Schöpfungstexte der Genesis. Er sieht den Menschen allenfalls als Glied in einer ökologischen Kette, nicht etwa als Krone oder Herr über die Schöpfung. Auch in der Frage nach der Stellung des Menschen in der Schöpfung zeigt die Bibel einen komplementären, vielschichtigen Perspektivenreichtum. Dass die Schöpfung nach dem Psalmisten nicht auf den Menschen allein hin angelegt ist, hat zur Konsequenz, dass sie unabhängig vom Menschen eine Existenzberechtigung hat und eine Würde in sich trägt. Der Mensch steht mit seinen Mitgeschöpfen ganz auf Augenhöhe. Mit ihnen ist er gemäß Psalm 104 durch denselben lebenspendenden Geist, die *Ruach,* verbunden. Selbst das Chaosmonster *Leviatan*, dessen Existenz für den Menschen unverständlich und jeder Nützlichkeit entzogen ist, hat in dieser Schöpfung als Spielgefährte Gottes seinen Platz. Er steht für den Freiraum, den Gott aus Sicht der biblischen Verfasser auch den Chaosmächten gewährt, die die Schöpfung oft auch als unverständlich und widersprüchlich erscheinen lassen.

Diese Widersprüchlichkeit und Sperrigkeit in der Schöpfung, die den Menschen einerseits liebevoll umsorgt, sich auf der anderen Seite gar nicht um ihn zu scheren scheint, ist besonders auch in den Gottesreden Ijobs zum Tragen gekommen.

Hier sieht sich der Mensch umgeben von einer bunten Gesellschaft von Ibis und Hahn, Löwe und Rabe, Felsenziege und Hirschkuh, Wildesel und Wildpferd, Strauß und Pferd. In einer ökologischen Sichtweise ruft der Text dazu auf, sich ein Beispiel zu nehmen an dem interessierten und detailreichen Blick des Verfassers auf die Geschöpfe und diesen mit Achtung und Respekt zu begegnen. Ein gläubiger Blick entnimmt der Schöpfung eine Art göttliche Gerechtigkeit, die in der Zuwendung zu den Geschöpfen keine Unterschiede macht, sondern jedem Geschöpf das gibt, was es zum Leben braucht. Diese Gerechtigkeit gilt es für den Menschen zu wahren und zu respektieren. Respektiert der Mensch die Eigenständigkeit der Schöpfung nicht, kann er selbst zur störenden Gegenkraft der schöpferischen Ordnung werden.

Wer die Welt in erster Linie als Gottes Schöpfung wahrnimmt, sieht sie nicht zuvorderst unter dem Maßstab der materiellen Verwertbarkeit, als Verfügungsmaterial und bloßen Besitz. Vielmehr empfindet er ein Gefühl von Zusammengehörigkeit mit seinen Mitgeschöpfen. Er weiß sich auf vielfältige Art und Weise mit ihnen vernetzt und versteht sich als mitverantwortlich. Diese Zusammengehörigkeit als Geschöpfe Gottes hat der Dichter von Psalm 148, wie im vorigen Kapitel gesehen, mit dem Szenario zum Ausdruck gebracht, dass die ganze Schöpfung gemeinsam in einen kosmischen Lobpreis Gottes einstimmt. Indem der Mensch seine Mitgeschöpfe in sein Gebet zu Gott einbezieht, nimmt er die ganze Schöpfung in eine gemeinsame Sinnperspektive hinein. Das Staunen über die Vielfalt des Lebens, über die ausgeklügelten Gleichgewichte und über die sensible Ordnung in der Natur ist bei den Psalmisten immer mit Lob, Dank und Bitte an Gott verbunden. Sie drücken damit aus, dass das Leben im Kosmos auf die bleibende Fürsorge Gottes angewiesen ist, und leisten damit ihrerseits einen Beitrag zur Stabilität der Schöpfung. Mit ihrem Gebet bekunden sie ihr Vertrauen, dass Gott selbst den Fortbestand seiner Schöpfung sichert und die chaotischen Kräfte nicht überhandnehmen lässt.

Aus ökologischer Perspektive lohnt es sich, einen Schöpfungstext aus dem Buch Jesus Sirach zu betrachten, das Teil der griechischen Bibel (Septuaginta), jedoch nicht Teil der hebräischen Bibel ist. Daher wird das Buch in der evangelischen Tradition den sogenannten Apokryphen zugerechnet, die nach einer Aussage Martin Luthers „der Heiligen Schrift nicht gleich gehalten, aber doch nützlich und gut zu lesen sind". Dieses Buch beginnt mit einem Prolog, aus dem hervorgeht, dass es sich um eine Übersetzung handelt. Ein Mann namens Jesus, der Großvater des Übersetzers, war wahrscheinlich ein in Jerusalem ansässiger Gelehrter, der mit dem Gesetz, den Propheten und den Schriften gut vertraut war. Das Buch, mit dem der Gelehrte seine Weisheit weitergeben möchte, übersetzt der Enkel, nachdem er „im achtunddreißigsten Jahr des Königs Euergetes" (wörtlich: „Wohltäter") nach Ägypten gekommen sei. Bei dem Namen Euergetes handelt es sich um den Beinamen von Ptolemäus VII. Mit dessen Regierungszeit von 170–117 v. Chr. ist die Ankunft des Enkels in Ägypten auf 132 v. Chr. datierbar. Man kann also schätzen, dass der Großvater das Buch etwa vierzig bis sechzig Jahre vorher, also um 190–170 v. Chr. verfasst haben muss. Dies ist die Zeit nach der Eroberung Judäas durch die Seleukiden (200 v. Chr.) und der Schwierigkeiten, die die jüdische Bevölkerung unter dem berüchtigten Antiochus IV. (175–164 v. Chr.) zu erleiden hat.

Wie das Buch der Weisheit handelt es sich hier also ebenfalls um ein Buch zur Erbauung im Gottesglauben, der zur Zeit des Großvaters in Jerusalem wie zur Zeit des Enkels in Ägypten vor großen Herausforderungen steht. Das Buch ist auf Griechisch überliefert, einzelne Teile jedoch finden sich auch in hebräischen Manuskripten. Wie das Buch der Weisheit gilt es von der stoischen Philosophie beeinflusst, der zufolge der Kosmos von einem rationalen Prinzip durchdrungen ist. Der Mensch steht unter dem Anspruch, aus dem Kosmos dieses universelle Gesetz herauszulesen und sich diesem mit einem guten Leben und rechtem Verhalten selbst unterzuordnen. Erkennt der Mensch nämlich dieses göttliche Prinzip in den Ordnungsmustern des Kosmos an, dann hat er in besonderer Weise am Göttlichen Anteil.

In einer Passage (Sir 16,24–17,14) wird dieser Anspruch an den Menschen besonders deutlich. Nach der Aussage dieses Textes ist dem Menschen die Erkenntnis mit auf den Weg gegeben, zwischen Gut und Böse zu unterscheiden. Damit ist ihm auch die Fähigkeit mitgegeben, aus der Schöpfung den an ihn gerichteten Auftrag herauszulesen. Der Text ist so gestaltet, dass der Leser einige Zusammenhänge erkennen und diese mit geschärftem Blick in der ihn umgebenden Schöpfung wahrnehmen kann. Man erkennt bei genauem Hinsehen: In dieser Beschreibung der kosmischen Ordnung werden die Eigenschaften des Menschen und der an ihn gestellte Auftrag parallelisiert mit denjenigen seiner Mitgeschöpfe: Mit Pflanzen und Tieren wird die Sterblichkeit, mit den Himmelskörpern u. a. Gemeinschaftlichkeit als Bindeglied herausgestellt.

Sterblichkeit:
Pflanzen und Tiere:
16,30 Mit jeder Art von Lebewesen bedeckte er ihre [der Erde] Oberfläche
und zu ihr kehren sie zurück.

Mensch:
17,1 Der Herr schuf den Menschen aus Erde
und ließ ihn wieder zu ihr zurückkehren.

Herrschaftsauftrag, Dienstbarkeit, zugewiesene Zeit:

Himmelskörper:

16,27 Er ordnete seine Werke für immer
und ihre Herrschaft für ihre Generationen (Zeiten),
sie hungerten nicht und ermüdeten nicht,
und ließen von ihren Werken nicht ab.

Mensch:

17,2 Gezählte Tage und einen Zeitpunkt wies er ihnen zu
und er gab ihnen Vollmacht über das, was auf ihr ist [...].
8 Er richtete sein Auge auf ihre Herzen
und zeigte ihnen die Größe seiner Werke,
9 damit sie die Größe seiner Werke preisen
und seinen heiligen Namen loben,
10 damit sie die Größe seiner Werke verkünden.
11 Er gewährte ihnen Verständnis
und das Gesetz des Lebens gab er ihnen zum Erbe.
12 Einen ewigen Bund hat er mit ihnen geschlossen
und seine Gebote hat er ihnen gezeigt. [...]
14a Und er sprach zu ihnen: Hütet euch vor jedem Unrecht.

Gemeinschaftlichkeit:

Himmelskörper:

16,28 Keines bedrängte seinen Nachbarn (plesion)
und für alle Zeiten werden sie nicht ungehorsam sein seinem Wort.

Mensch:

17,14b Er schrieb einem jeden das Verhalten gegenüber dem Nächsten (plesion) *vor.*

Das heißt: Wie die Himmelskörper einem Gesetz unterstehen und damit einander in ihrer Bahn nicht behindern, so sollte sich der Mensch in die kosmische Ordnung einfügen, um größtmögliche Rücksicht auf seine Mitgeschöpfe zu nehmen. Er soll sich daher nicht als der Natur vorgesetzter Taktgeber verstehen, sondern der Natur vielmehr ihren eigenen Rhythmus belassen – der Mensch hat sich an die Schöpfung anzupassen und nicht die Schöpfung an ihn.

Der ethische Appell, der durch die kosmische Ordnung an den Menschen gerichtet ist, wird umso dringlicher, wenn man berücksichtigt, dass der Text den Menschen in eine herausgehobene Mittlerposition stellt. Er ist durch je unterschiedliche Gemeinsamkeiten sowohl mit Pflanzen und Tieren verbunden, die für das Irdische stehen, als auch mit den Himmelskörpern, die nach damaliger Auffassung in den göttlichen Bereich hineinreichen. Der Mensch ist vor den übrigen Geschöpfen mit einer herausragenden, von Gott geschenkten intellektuellen Fähigkeit ausgezeichnet, den Kosmos in seiner Eigengesetzlichkeit zu verstehen und daraus zum Wohl der ganzen Schöpfung ethische Schlussfolgerungen für sein Handeln zu ziehen. Mit diesem intellektuellen Rüstzeug trägt er Verantwortung dafür, dass die Schöpfung in ihrer Eigengesetzlichkeit respektiert wird und nicht aus den Fugen gerät. Und dass ihre Schönheit bewahrt wird, die Jesus Sirach später im „Lob der Schöpfung" (Sir 42,15–43,33) besingt. Auch in diesem Loblied wird in den Geschöpfen mit ihrer wechselseitigen Verbundenheit ein ethisches Vorbild erkannt:

42,24 *Alles ist paarweise, eines entsprechend dem anderen,*
und keines von ihnen hat er vergeblich gemacht.
25 *Eines stärkt das Gutsein des anderen.*
Wer wird satt beim Anblick seiner Herrlichkeit?

Man mag einwenden, dass dies in der oftmals grausam scheinenden Natur nur die eine Seite der Medaille ist und sich die

Maus von der Katze, die mit ihr vor dem Festmahl ihr letztes Spiel treibt, kaum in ihrem Gutsein als Maus bestärkt sieht. Doch mit dem Buch Jesus Sirach auf Tuchfühlung zu gehen, kann dazu anregen, die intelligenten Zyklen in der Natur wahrzunehmen. Es könnte besonders vor dem Hintergrund der heutigen Klimakrise Ansporn und Inspiration sein, vermehrt und noch intensiver nach intelligenten Lösungen zu suchen, die sich an diesen Zyklen der Natur orientieren. Die biblische Botschaft bestünde nicht darin, in Panik oder in eine Schockstarre zu verfallen, sondern auf menschliche Einsicht und Intelligenz zu vertrauen. Manche Technologien sind bereits vorhanden, jedoch fehlt der Mut und der politische Wille zu ihrer breit angelegten Nutzung. Statt weiter auf Ressourcenverbrauch angewiesen zu sein, wäre es angeraten, sich an nachhaltigen, zyklischen Abläufen der natürlichen Ökosysteme zu orientieren. Die Erkenntnis, dass die Herausforderungen der Klimakrise nur gelöst werden können, wenn die Menschheit individuelle oder nationale Interessen zurückstellt und als weltweite Familie zusammensteht, ist nicht neu. Aber die biblischen Schöpfungstexte rufen sie, neu gelesen, vielleicht noch einmal neu ins Bewusstsein.

12. Wer früher stirbt, lebt länger ewig? Warum mit dem Tod nicht alles aus ist

Allen ökologischen Bemühungen des Menschen zum Trotz, Leben zu bewahren und Lebensräume zu sichern, kann die Sterblichkeit und Endlichkeit irdischen Lebens nicht überwunden werden. Die moderne Biologie erklärt die Sterblichkeit mit der von der Natur betriebenen „Optimierung" und Erneuerung des Lebens. Sterblichkeit gehört zum Leben dazu; die Natur nimmt keine Rücksicht auf die Befindlichkeiten und Wünsche des Einzelnen, der lieber am Leben bleiben möchte als zu sterben. Stattdessen ist sie stets damit beschäftigt, die eigene Spezies zu erhalten und sie bestmöglich gegenüber den Herausforderungen ihrer Umwelt zu wappnen. Die Natur setzt daher auf die Fortpflanzung und damit auf ständige Verjüngung und Optimierung der jeweiligen Lebensform. Die sexuelle Fortpflanzung trägt dazu einen entscheidenden Vorteil bei: Durch die Vereinigung des Erbguts verschiedener Geschlechter entstehen innerhalb weit kürzerer Zeit unterschiedlichste Variationen des Erbguts, als dies durch zufällige Mutationen bei der einfachen Zellteilung möglich wäre. Damit steigt jedes Mal die Wahrscheinlichkeit, dass sich das neue Leben besser an die Umwelt anpassen kann.

Da die Ressourcen (Nahrung, Energie, Lebensraum) begrenzt sind, setzt die Natur auf das neue, verjüngte, besser angepasste Leben, anstatt zu versuchen, ältere Organismen ewig am Leben erhalten zu wollen. So nimmt die Natur einfach hin, dass jedem einzelnen Lebewesen permanent der Tod durch Fremdeinwirkung, durch Katastrophen oder durchs Gefressenwerden droht. Passiert dies nicht, ist die Sterblichkeit in einem mehrzelligen Lebewesen bereits eingebaut. Dies liegt daran, dass die Körperzellen nur eine bestimmte Zahl von Zellteilungen durchlaufen können. Beim Menschen sind etwa fünfzig Zellteilungszyklen möglich. Die begrenzte Zahl von Zellteilungen hängt mit den sogenannten Telomeren zusammen, die zum Schutz an den Chromosomen sitzen und deren vollständige Replikation gewährleisten. Diese Telomere werden bei ausdifferenzierten Körperzellen bei der Zellteilung nicht mehr vollständig reproduziert, sie werden bei jeder Zellteilung kürzer. Die Folge ist eine höhere Störanfälligkeit der Zellen, die schon mehrfach reproduziert worden sind, bis dahin, dass Zellen lebenswichtiger Organe absterben.

Abgesehen von dieser eingebauten biologischen Uhr eines Organismus besitzen Zellen mehrzelliger Organismen ein integriertes „Selbstzerstörungsprogramm“: den programmierten Zelltod (*Apoptose*): Auf ein bestimmtes Signal hin beginnen sich die betroffenen Zellen zu verkleinern und kleine Bläschen abzuschnüren, die daraufhin von Fresszellen beseitigt werden. Dieser Mechanismus sorgt dafür, dass der Organismus nach einer Erneuerung der Zellen durch Zellteilung seine alten, verbrauchten und funktionsunfähigen Zellen wieder loswird. Mit diesen biologischen Vorgaben ist jedem Versuch, das individuelle Leben bis ins Unendliche hinauszögern zu wollen, eine prinzipielle Grenze gesetzt: Der Mensch kann sich mit noch so ausgeklügelten und ambitionierten technischen und medizinischen Methoden, wie Yuval Noah Harari in seinem Werk *Homo Deus* beschreibt, nicht zum unsterblichen Gottmenschen aufschwingen. Der „Baum des Lebens“ bleibt für ihn nicht nur aus Sicht der Bibel, sondern auch aus biologischer Perspektive außer Reichweite.

Aus einer rein biologistischen Weltanschauung heraus bleibt dem Menschen nichts anderes, als sich dem Schicksal der eigenen Sterblichkeit zu fügen und so gut er kann an dem evolutionären „Lebenserhaltungsprogramm“ mitzuwirken, sich also so zahlreich wie möglich fortzupflanzen und seinen eigenen Fortbestand im Fortleben der eigenen Gene zu sichern. Abgesehen davon, dass dies ein ziemlich schwacher Trost über das Ende der eigenen Existenz ist, kann auch die Weitergabe und Erneuerung menschlichen Lebens nicht ewig weitergehen. Zur Zeit des Klimawandels – und neuerdings auch wieder der größeren atomaren Bedrohung – sind apokalyptische Szenarien, nach denen menschliches Leben auf unserem Planeten für immer ausgelöscht werden könnte, in gefährliche Nähe gerückt. Mehr und mehr tritt ins Bewusstsein, dass die menschliche Lebensform auf einer keinesfalls selbstverständlichen Stabilität vieler Faktoren beruht. Wenn Klimatologen heutzutage von Kippmechanismen wie etwa dem drohenden Auftauen der Permafrostböden sprechen, die unermessliche Mengen von Kohlendioxid und Methan freisetzen würden, dann wird klar, dass der lebensfreundliche Zustand der Erde nicht ein für alle Mal der stabile Endzustand der geologischen und atmosphärischen Entwicklung sein muss. Selbst wenn dem so wäre, würde der Erde in ca. sechs Milliarden Jahren ein Hitzetod drohen, nämlich wenn sich die Sonne zu einem Roten Riesen aufblähen und die Erde in ihren eigenen Tod mitreißen würde.

Optimistische Science-Fiction-Fans mögen hoffen, dass der Mensch bis dahin technologische Möglichkeiten gefunden haben wird, die bisher unüberwindlichen Distanzen des Weltalls zu überbrücken und auf anderen, habitablen Exoplaneten Kolonien zu gründen, die den Fortbestand der menschlichen Spezies sichern. Doch auch diesen Versuchen, dem Menschen ein ewiges Weiterleben zu ermöglichen, ist eine Grenze durch die Endlichkeit des Kosmos selbst gesetzt. Unterschiedliche Szenarien prophezeien dem Universum einen Wärme- oder einen Kältetod. Thermodynamisch gesehen läuft die Entwicklung des Universums auf einen Zustand hinaus, an dem alle Energiequellen aufgebraucht sein werden: Alle Energie ist an die Umgebung abgegeben, und es ist keine Steigerung der Entropie mehr möglich. Damit verlöre auch die Zeit ihre Richtung, das Universum besäße nur noch Strahlung und lose Materie, aber keine Struktur mehr.

Dass das Universum jedoch noch nicht mit einer einzigen vereinheitlichten Theorie beschrieben wird, spiegelt sich auch darin wider, dass dem Universum von unterschiedlichen Theorien her auch verschiedene Todesformen prophezeit werden, wie etwa ein „Big Freeze“ oder ein „Big Crunch“: Aus Sicht der Relativitätstheorie könnte sich der Kosmos an seinem Ende wieder zu einer ähnlichen Singularität zusammenziehen, aus der er einmal hervorgegangen ist. Dem Big Bang am Anfang stünde der Big Crunch am Ende gegenüber. Mit „Big Freeze“ ist schließlich die Variante gemeint, dass sich das Universum durch eine immer weitere Ausdehnung in seiner Temperatur dem absoluten Nullpunkt annähert. Schließlich gesellt sich zu diesen Szenarien noch der „Big Rip“: Hierbei spielt die sogenannte dunkle Energie eine Rolle – wie die dunkle Materie eine rätselhafte Größe, die man für die Expansion des Universums verantwortlich macht (und die der Gravitation entgegenwirkt, die das Auseinanderdriften der Materie im Universum bremst). Diese Energie könnte ab einer bestimmten Größe dazu führen, dass Sterne, Moleküle und Atome nicht nur auseinandergetrieben, sondern förmlich zerrissen werden.

Welches der genannten Szenarien auch immer eintritt, mit menschlichem Leben wäre dann offensichtlich endgültig Schluss. Bis dahin ist es zwar ein paar Milliarden Jahre hin, und für besorgte Gemüter bleibt noch genügend Zeit, das Jurastudium abzuschließen; dennoch ist es eine düstere Vorstellung, dass auf die Materie, wie wir sie kennen, als Trägerin von Leben, von Information, von Spuren, die wir möglichst für alle Zeiten hinterlassen möchten, kein Verlass sein kann.

Eine Welt, zu der Endlichkeit und Sterblichkeit dazugehören, könnte man auch als gläubiger Mensch einfach damit begründen, dass es für den Schöpfer schlicht keine andere Alternative gegeben habe. Für eine solche Denkweise liefert auch die Philosophie oder die Theologie die nötigen Fundamente. Besonders bekannt für seine Überlegungen über die Frage, wie Tod und Leid in der Welt mit dem Glauben an einen gütigen Gott konform gehen sollen (die sogenannte Theodizee), ist Gottfried Wilhelm Leibniz, ein Universalgelehrter der frühen Aufklärung im 17. und 18. Jahrhundert. Nach Leibniz ist diese Welt, wie sie Gott geschaffen hat, die bestmögliche. Alle anderen Vorstellungen von einer besseren Welt scheitern gemäß Leibniz daran, dass eine von Gott unterschiedene, geschaffene und materielle Welt notwendigerweise endlich sein muss – und mit dieser Endlichkeit gehen alle negativen Begleiterscheinungen einher. Wenn Gott eine göttliche und unendliche Welt schaffen würde, wäre seine Schöpfung sozusagen sein eigener Konkurrent. Dieses von Leibniz so genannte „metaphysische Übel" ist von der Schöpfung damit nicht wegzudenken. Ein sterbliches Leben ist demnach das Beste, was wir abbekommen können.

Diese Denkweise, dass unsere endliche, materielle Welt und der sterbliche Mensch das Nonplusultra der Schöpfung sind, setzt jedoch sowohl den Möglichkeiten des Schöpfers als auch den Möglichkeiten vom Menschsein eine Grenze. Es stellt sich die Frage, ob diese spekulative, gedankliche Grenze einer an die Materie gebundenen Welt tatsächlich die *wirkliche* Grenze ist, die den Möglichkeiten Gottes und des Menschseins gesetzt ist. Ein Gedankenexperiment aus dem Kontext der Corona-Pandemie mag dies verdeutlichen: Stellen wir uns vor, die Pandemie dauerte noch eine Weile an und der Impfstoff wäre ausgeblieben. Abstände und Masken gehören immer mehr zum Alltag. Schon scheint der letzte Handschlag, mit dem wir jemanden begrüßt haben, einer anderen Zeit anzugehören. Kinder werden eingeschult, manche beginnen ihr Studium, ohne je einen Hörsaal zu betreten, einen Professor oder eine Professorin im direkten Kontakt erlebt und mit Kommilitoninnen und Kommilitonen einmal in einer Studentenkneipe einen über den Durst getrunken zu haben. Lassen wir die Pandemie nun ein paar Jahre, ein paar Jahrzehnte länger dauern. Kinder wachsen auf, ohne jemals einen anderen Zustand erlebt zu haben, und irgendwann wird der letzte Mensch gestorben sein, der ohne Abstand und Alltagsmasken durchs Leben ging. Würden die Menschen dann noch merken, dass ihnen zum vollen, unverkürzten Menschsein etwas fehlt: Nähe, Umarmungen, Begegnungen, Studentenkneipen? Oder würden Fragen nach solchen Annehmlichkeiten ungläubiges Staunen, ein mitleidiges Lächeln hervorrufen und Antworten wie: „In welcher Welt lebst du? Menschen tragen nun mal Masken und halten Abstand." Im übertragenen Sinne: Vielleicht leben wir auch ohne Masken und Abstand und selbst bei erfolgreicher Implementierung des lange ersehnten Impfstoffs als Menschen nicht in jenem unverkürzten Zustand, wie er *eigentlich* möglich und – wenn wir gläubig sind – vom Schöpfer her gedacht ist.

Kommen wir noch einmal auf die Kosmologie zurück, um den Gedanken über Tatsächliches und (eigentlich) Mögliches weiterzuverfolgen. Auf naturwissenschaftlicher Ebene haben wir bisher versucht, die Entwicklung des Kosmos als eine Abfolge von Realisierungen aus einer vorgegebenen Fülle von Möglichkeiten zu verstehen. Hierzu zählen die sogenannten Quantendekohärenzprozesse und die fundamentalen Symmetriebrechungen nach dem Urknall, die zu bestimmten Verhältnissen der Elementarkräfte, der Entstehung schwerer Elemente und so einem lebensfähigen Kosmos führten. Ebenso umfassen sie gravitative Ballungen im Kosmos, die Galaxien, Sterne und Planeten entstehen lassen, schließlich auch die Bildung von komplexen Molekülen und einer präbiotischen Chemie. Moleküle tun sich zu Zellen zusammen, und es entsteht einfaches Leben, später komplexes Leben bis zum Phänomen des

Bewusstseins. Die Naturwissenschaften stellen fest, dass diese Entwicklung auf dem Boden physikalisch, chemisch und biologisch möglicher Vorgänge stattgefunden hat. Dass es in dieser Abfolge notwendigerweise so kommen *musste*, wie es tatsächlich kam, kann niemand auf naturwissenschaftlicher Basis behaupten. Vorausgesetzt, dass eine kosmologische Geschichte überhaupt in Gang gekommen wäre, hätte diese auch tausendfach unwirtlichere und lebensfeindlichere Verlaufsformen annehmen können.

Wer gläubig ist, dem kann nicht in Abrede gestellt werden, wenn er hinter diesen Vorgängen einen göttlichen Willen sehen will, sogar einen beachtlichen Aufwand, den Gott betreibt, um aus Liebe ein Geschöpf wie den Menschen ins Leben zu rufen. Auch ihre eigene Existenz interpretieren Gläubige so, dass sie aus unendlich vielen Möglichkeiten als einmaliger Mensch hervorgegangen und als solcher unendlich geliebt sind. Dies setzt freilich voraus, dass Gott auf irgendeine Art mit dem Kosmos interagieren kann. Wie das im Einzelnen genau geschieht, soll uns an dieser Stelle nicht im Detail beschäftigen – es ist auch nicht unberechtigt, wenn die Theologie in dieser Frage den Schwerpunkt auf das *Dass* anstatt auf das *Wie* legt. Als eine Denkmöglichkeit sei hierzu ein von dem Biochemiker Arthur Peacocke verwendetes Modell erwähnt, das die Interaktion Gottes mit dem Universum mit der Interaktion von menschlichem Geist und Körper vergleicht – auch wenn der Vergleich sicher manche Fragen offenlässt.

An dieser Stelle soll uns hier der Blick auf realisierte Möglichkeiten im Kosmos jedoch vor allem dabei helfen, einen gedanklichen Sprung zu vollziehen. Wäre es nicht denkbar, dass Gott noch weit mehr Möglichkeiten als die bislang realisierten zur Verfügung stehen? Ein solcher Gedankensprung von einer materiellen und zeitlich begrenzten Welt hin zur Möglichkeit unbegrenzten Lebens außerhalb von Zeit und Materie würde natürlich den uns bekannten naturwissenschaftlichen Kontext sprengen. Er erfordert die Überwindung eines sehr breiten Grabens zwischen Physik und Metaphysik. Was jedoch die biblischen Texte angeht, könnte man ihre Botschaft zumindest im Ansatz dahingehend verstehen: Was Gott aus einer Fülle von Möglichkeiten einmal geschaffen hat, lässt er nicht wieder ins Nichts fallen – vielmehr bietet er die ihm zur Verfügung stehenden Möglichkeiten auf, um das von ihm geschaffene Werk in der Existenz zu halten. Der Glaube an Gott ist letztlich der Glaube an den Sinn des Kosmos. Einen solchen Sinn gibt es nur, wenn am Ende des menschlichen Lebens nicht der endgültige Tod, am Ende des Kosmos keine nicht einmal stecknadelkopfgroße Singularität steht, auf die er zusammenschnurrt. Der biblische Gottesglaube gibt der kosmologischen Geschichte daher eine Richtung nicht auf ein *Ende* hin, sondern auf eine *Vollendung*. Er öffnet die Perspektive daraufhin, dass in der kosmologischen Geschichte noch weit mehr möglich ist als das bisher zur Entwicklung des Lebens Verwirklichte.

Steht hinter all dem ein Wille, dass es Leben geben soll, eine Liebe, die jeden von uns im Blick hat, dann kann das Fazit der Entwicklung vom Urknall bis zum Menschen nicht heißen: „Bis hierher und nicht weiter." Steht dahinter eine Absicht, ein göttlicher Wille, dann ist es plausibel anzunehmen, dass der Urheber dieses Willens auch den Kreislauf von Leben und Sterben zu durchbrechen weiß: mit einer Erneuerung und Vollendung seiner Schöpfung. Er weiß die Geschichte mit den Menschen zu vollenden, zu einer erneuerten Beziehungsharmonie zu führen und seiner Schöpfung eine fortdauernde Existenz zu sichern. Erst in diesem endgültigen Zustand, nach einer völligen Umgestaltung, so der biblische Glaube, wird sich die eigentliche Bestimmung des Geschöpfs vollends realisieren.

Bereits im Buch Genesis kann man diese Richtung erkennen. Die beiden ersten Schöpfungstexte zeigen nämlich genau den Kontrast zwischen möglicher Welt des Menschen (so in Genesis 1) und der tatsächlichen Welt (erklärt durch Genesis 2–3) auf. Wenn die Bibel tatsächlich *Heils*-geschichte vermittelt, dann lässt sie diesen schmerzhaften Kontrast als endgültige Zustandsbeschreibung des Menschen nicht einfach so stehen.

Mit der Paradieserzählung von der Erschaffung von Adam und Eva, mit dem Sündenfall und der Vertreibung aus dem Paradies wird etwas über den Menschen ausgesagt in der Form, die für israelitische Überlieferungen typisch ist: in der Form des Erzählens. Die listige Schlange bringt in der Erzählung die Frau dazu, von dem Baum in der Mitte des Gartens zu essen, von dem Gott zu essen verboten hatte. Der Mann tut es ihr gleich, und ihm fällt auf Gottes Nachfrage keine bessere Ausrede ein, als die Frau für alles verantwortlich zu machen. So veraltet uns dieser Erzählstoff vorkommen mag – die erzählerische Kraft fasziniert noch heute und der Inhalt bleibt jedem Schulkind in der Erinnerung haften: Dass die Auflehnung gegen Gott den Menschen von sich selbst entfremdet, dass sie eine Kette von Schuldzuweisungen hervorruft, den Menschen und die Geschöpfe nicht mehr Partner, sondern Rivalen sein lässt, wird mit kunstvollen erzählerischen Pinselstrichen illustriert. Aus dieser Gebotsübertretung wurde in der Wirkungsgeschichte der Paradieserzählung die Sterblichkeit des Menschen abgeleitet. Nach dem Sündenfall wird er aus dem Paradies vertrieben und mit dem Schicksal bedacht, wieder zum Erdboden zurückkehren zu müssen. In der Erzählung wird jedoch nicht explizit gesagt, dass der Mensch vor dem Sündenfall unsterblich gewesen sei. Die Vertreibung wird ja schließlich genau damit begründet, dass der Mensch davon abgehalten werden soll, nun auch noch nach dem Baum des Lebens zu greifen. Damit würde er sich endgültig Gott gleich machen, nachdem er sich mit dem Griff nach dem Baum der Erkenntnis bereits ein Privileg angemaßt hat, das nur Gott zusteht.

In der Bibelwissenschaft ist man mitunter der Auffassung, dass es eine ursprüngliche Textfassung gab, nach der der Mensch im Paradies nicht sterben sollte. Dies würde sich mit der späteren biblischen Überlieferung decken: Nach dem Buch der Weisheit etwa hat Gott den Tod nicht geschaffen, vielmehr kam er „durch den Neid des Teufels“ (Weish 2,24) in die Welt. Dagegen habe Gott den Menschen zur Unverweslichkeit geschaffen (Weish 2,23). Paulus greift im Neuen Testament diesen Gedanken auf und verwendet diesen Begriff als Zustandsbeschreibung nach der Auferstehung (1 Kor 15,42.50.53.54). Auch er bestätigt, dass der Tod durch die Sünde des Menschen in die Welt kam (Röm 5,12).

Ob die Sterblichkeit des Menschen in der Paradieserzählung bereits angelegt ist oder nicht: Sie bekommt erst durch die Trennung von Gott, die mit der Vertreibung aus dem Paradies versinnbildlicht wird, ihren Schrecken. Im Paradies lebt der Mensch in Gemeinschaft mit seinem Schöpfer, der ihm das Leben geschenkt hat. Er hat alles, was er zum erfüllten Leben benötigt; er braucht sich in der ungestörten Gemeinschaft mit seinem Schöpfer nicht darum zu sorgen, dass er irgendwann ins Nichts fallen muss; vielmehr kann er sich in die Hand seines Schöpfers fallen lassen und darauf vertrauen, dass dieser ihm weiterhin gut will. Auch andere Schöpfungstexte schildern die Sterblichkeit nicht als etwas von vornherein Schreckliches und der Schöpfung Fremdes, sondern als etwas, was zur Schöpfung dazugehört. Sehr angstfrei und unbefangen wird das Verhältnis der Geschöpfe zu ihrer Sterblichkeit im bereits erwähnten Schöpfungspsalm 104 beschrieben:

29b *Du nimmst deinen Atem zurück: Sie vergehen*
und kehren zurück zu ihrem Staub.
30 *Du sendest deinen Geist aus: Alle werden erschaffen,*
und du erneuerst das Antlitz des Erdbodens.

Sind die enge Verbindung und die Harmonie zwischen Schöpfer und Geschöpf unterbrochen, fühlt sich der Mensch mit seiner Sterblichkeit auf sich allein gestellt und auf sich selbst zurückgeworfen. Sein unausweichlicher Tod macht ihm Angst. Diesen Zustand, in den sich der Mensch hineingeworfen fühlt, erklärt der Verfasser der Paradieserzählung, indem er mit einer bildhaften und erzählerischen Sprache menschliche Verhaltensmuster beschreibt: Der Mensch, so die Botschaft der Erzählung, neigt immer wieder dazu, selbst Gott sein zu wollen und keinen anderen Gott neben sich zu dulden.

Dass es gerade der Griff nach Erkenntnis von Gut und Böse ist, mit dem diese menschliche Anmaßung in der Erzählung beschrieben ist, mag verwundern: Im Buch Jesus Sirach hatten wir ja gelesen, dass dem Menschen die Erkenntnis von Gut und Böse von Gott selbst mitgegeben wurde – was zeigt, wie frei die biblische Überlieferung immer wieder auf neue Lebenskontexte hin ausgedeutet wurde. Was in der Erzählung der Genesis wohl vor allem über den Menschen gesagt werden soll: Er strebt nach Macht, nach Geltung, nach Einfluss. Diese Verführung zum Griff nach dem Gottsein, nach Macht, nach Ich-Bezogenheit mündet in der Erzählung mit den Bildern von Baum, Schlange und Frucht in die verhängnisvolle Folge vom Alleinsein des Menschen. Getrennt von seinem Schöpfer ist er dem Schrecken der Sterblichkeit ausgesetzt. Das Ziel des Menschen kann aus dieser Perspektive nur darin bestehen, die gebrochene Gemeinschaft mit seinem Schöpfer wiederherzustellen. Denn nur im Vertrauen auf Gottes Schöpferkraft, nicht aus eigener Kraft entkommt er seiner Endlichkeit.

Die Sehnsucht danach, dass die Schöpfung in ihrem ursprünglichen Zustand wiederhergestellt wird, findet an mehreren Stellen in der Bibel ihren Niederschlag. Sehr eindrucksvoll beschreibt der dritte Teil des Jesajabuches (der sogenannte Tritojesaja) das Szenario einer neuen Schöpfung. Bei Deuterojesaja hatten wir gesehen, dass von Gottes Schaffen am Beginn der Zeit auf sein weiteres heilvolles Wirken in der Geschichte gefolgert wird. Im Gesamtzusammenhang des Jesajabuchs mündet diese Schlussfolgerung in die Hoffnung, dass Gott die Welt nicht nur durch die Zeit begleiten, sondern auch zur Vollendung führen wird:

65,16e *Denn vergessen sind die früheren Nöte,*
sie sind vor meinen Augen verborgen.
17 *Ja, siehe, ich erschaffe einen neuen Himmel*
und eine neue Erde.
Man wird nicht mehr an das Frühere denken,
es kommt niemand mehr in den Sinn.
18 *Vielmehr jubelt und jauchzt ohne Ende*
über das, was ich erschaffe! (EÜ)

In diesem Szenario eines neuen Himmels und einer neuen Erde, so die im Text ausgedrückte Hoffnung, sind die ursprünglichen paradiesischen Zustände wiederhergestellt. Dazu gehören die ursprüngliche Beziehungsharmonie zwischen den Geschöpfen, ein Zusammenleben ohne Gewalt und Blutvergießen sowie das Genießen der Früchte des Feldes:

21 *Sie werden Häuser bauen und bewohnen,*
und Weinberge pflanzen und ihre Frucht genießen.
22 *Sie werden nicht bauen und ein anderer wird bewohnen,*
sie werden nicht pflanzen und ein anderer wird essen.
Denn wie die Tage des Baumes werden die Tage meines Volkes sein,
und das Werk ihrer Hände sollen meine Auserwählten genießen. […]

25 *Wolf und Lamm werden weiden in Eintracht;*

und der Löwe wird Stroh fressen wie das Rind;
und die Schlange: Staub wird ihre Nahrung sein.
Man wird nichts Böses tun und nicht zerstören
auf meinem ganzen heiligen Berg, spricht JHWH.

Insgesamt wird ausgesagt: Alles Geschehen liegt in Gottes Hand und ist von ihm zum Guten gelenkt. Der Text lässt jedoch auch durchblicken, dass man sich im alttestamentlichen Judentum den Menschen in der vollendeten Welt zwar mit einem langen und erfüllten Leben gesegnet, jedoch noch nicht ganz vom Tod befreit vorstellen konnte:

20 *Es wird dort keinen Säugling mehr geben,*
der nur wenige Tage lebt,
und keinen Greis, der seine Tage nicht erfüllt;
wer als Hundertjähriger stirbt, gilt als junger Mann,
und wer die hundert Jahre verfehlt, gilt als verflucht. (EÜ)

In einem anderen alttestamentlichen Text jedoch, in dem sich ebenfalls ein Zusammenhang zwischen Schöpfung und Vollendung findet, wird die Schöpfung auch als Anknüpfungspunkt für den Glauben an die Auferstehung und ein Leben nach dem Tod herangezogen. Dieser Text findet sich im zweiten Makkabäerbuch. Hintergrund der Erzählungen sind die Intrigen des Hohepriesters Jason und die Plünderung des Tempels durch den bereits erwähnten Seleukidenkönig Antiochus IV. Epiphanes. Diese Provokationen gegenüber der jüdischen Bevölkerung sind der Auslöser der Makkabäeraufstände. In diesem Kontext spielen sich die im zweiten Makkabäerbuch erzählten Martyrien des Eleasar und der sieben Brüder mit ihrer Mutter ab. Die sieben Söhne hatten sich geweigert, Schweinefleisch zu essen und sich über die jüdischen Gesetze und damit über das göttliche Gebot hinwegzusetzen. Vor der Hinrichtung redet die

Mutter ihren Söhnen gut zu und bestärkt sie in der Hoffnung auf ein Leben nach dem Tod:

Ich weiß nicht, wie ihr in meinem Schoß entstanden seid, noch habe ich euch Atem und Leben geschenkt; auch habe ich keinen von euch aus den Grundstoffen zusammengefügt. Nein, der Schöpfer der Welt hat den werdenden Menschen geformt, als er entstand; er kennt die Entstehung aller Dinge. Er gibt euch in seinem Erbarmen Atem und Leben wieder, weil ihr jetzt um seiner Gesetze willen nicht auf euch achtet. (2 Makk 7,22–23, EÜ)

Dem siebten Sohn gibt sie vor seiner Hinrichtung mit auf den Weg:

Ich bitte dich, mein Kind, sieh auf den Himmel und auf die Erde und auf alles, was darauf ist, und erkenne: Gott hat das nicht aus seienden Dingen [in einigen Überlieferungen: aus nicht seienden Dingen] geschaffen und genauso ist die Menschheit entstanden. (2 Makk 7,28).

Die Argumentation ist ähnlich wie im Jesajabuch: Wer von Gott geschaffen ist, ist auch von Gott gehalten – hier mit der weitergefassten Bedeutung, dass Gott den Menschen auch über den Tod hinaus trägt. Etwas fremd kommt uns heute die Rede von „nicht seienden Dingen" vor. Man kann diese als Dinge zu verstehen versuchen, die noch nicht in die Existenz gesetzt, sondern deren Existenz rein potenziell, aber noch nicht realisiert ist. Mit dieser Bibelstelle wird übrigens oft auch die Lehre belegt, dass Gott die Welt aus dem Nichts geschaffen hat (*creatio ex nihilo*). Dahinter steckt ein philosophisches Konzept, das das Nichts *ontologisch* versteht: Das Nichts steht also im Gegensatz zum *Sein*, welches die Voraussetzung dafür ist, dass überhaupt etwas *sein* kann. Andererseits ist ziemlich sicher, dass sich die Verfasser dieses

Textes ein philosophisches und abstraktes Nichts, wie es dieser Lehre zugrunde liegt, wohl kaum vorstellen konnten und mit der Rede von „nicht seienden Dingen“ auch nicht vor Augen hatten. Sie dachten anschaulicher und standen mit ihren „nicht seienden Dingen“ eventuell heutigen Naturwissenschaftlern und ihren Vorstellungen von möglichen, jedoch nicht realisierten Zuständen gar nicht so fern. Heutige Naturwissenschaftler mögen dabei an das Quantenvakuum denken, das zwar frei von Materie, aber dennoch (aufgrund einer stets vorhandenen Energiefluktuation) nicht nichts ist. Was hier konkret gemeint ist: Gott hat aus solchen nicht seienden, nicht existenten (potenziellen) Dingen das Leben und die Menschheit geschaffen. Daher ist es, so die Argumentation der Mutter, für ihn auch ein Leichtes, den Toten wieder neues Leben zu geben.

Vollends entfaltet wird die Vorstellung von neuer Schöpfung und Auferstehung im Neuen Testament. Besonders bei Paulus wird Jesus Christus als Schöpfungsmittler beschrieben, durch den und auf den hin alles geschaffen ist (Röm 11,36). Mit seiner Auferstehung von den Toten durchbricht er die alte, sterbliche Schöpfung und öffnet die Tür zu einer neuen Schöpfung. Diese ist in einem weit umfassenderen Sinne „neu“ als die im Jesajabuch beschriebene neue Schöpfung. Mit dem Tod Jesu bäumen sich nach dem Markusevangelium das Chaos und damit die Mächte des Todes noch einmal richtig auf. Mit der Auferstehung werden diese Mächte überwunden und die Macht des Todes wird gebrochen. Himmel und Erde werden in das ganz Neue integriert, das die Auferstehung Jesu mit sich bringt. Der Tod, der bisher in der Schöpfung für alle Geschöpfe unumgängliches Schicksal und das Ende war, ist plötzlich wie ein in ein Computernetzwerk eingeschmuggelter Virus besiegt und nicht mehr die Endstation des Lebens. Stattdessen hat mit Jesus Christus die Erneuerung der ganzen Schöpfung begonnen. Eindrücklich vergleicht Paulus das sehnsüchtige Warten der Schöpfung auf ihre Erneuerung mit einer Frau, die in Geburtswehen liegt und das kommende, neue Leben erwartet (Röm 8,22). Christinnen und Christen verstehen sich bereits in dem Maß als Teil der neuen Schöpfung, wie sie Christus, dem Auferstandenen, angehören. Diese Zugehörigkeit wird durch die Taufe ausgedrückt, bei der ein neuer Christ symbolisch untertaucht: Das Auftauchen ist ein Symbol für das neu erhaltene, durch den Tod nicht zerstörbare Leben. Dieser Gedanke wird beim Beerdigungsritus aufgegriffen, in dem es heißt: „Der Herr vollende an dir, was er in der Taufe begonnen hat." Was im Umkehrschluss nicht heißen darf, dass Gott die Möglichkeit abgesprochen würde, auch die Ungetauften zur Vollendung zu führen.

Das Szenario einer neuen und unvergänglichen, von allem Leid befreiten Schöpfung wird schließlich auch in der Offenbarung des Johannes besonders eindrucksvoll geschildert:

Dann sah ich einen neuen Himmel und eine neue Erde; denn der erste Himmel und die erste Erde sind vergangen, auch das Meer ist nicht mehr. Ich sah die heilige Stadt, das neue Jerusalem, von Gott her aus dem Himmel herabkommen; sie war bereit wie eine Braut, die sich für ihren Mann geschmückt hat. Da hörte ich eine laute Stimme vom Thron her rufen: Seht, die Wohnung Gottes unter den Menschen! Er wird in ihrer Mitte wohnen und sie werden sein Volk sein; und er, Gott, wird bei ihnen sein. Er wird alle Tränen von ihren Augen abwischen: Der Tod wird nicht mehr sein, keine Trauer, keine Klage, keine Mühsal. Denn was früher war, ist vergangen. (Offb 21,1–4, EÜ)

Auch hier läuft die Vollendung der Schöpfung wieder auf eine Vereinigung Gottes mit seinen Geschöpfen hinaus: Gott hat mitten unter den Menschen, im neuen Jerusalem, seinen Wohnsitz. In dieser erneuten Gemeinschaft mit Gott brauchen die Menschen den Tod endgültig nicht mehr zu fürchten. Die

Schöpfung wird ganz und gar durchdrungen sein vom Leben Gottes, das keinen Tod kennt. Der Prototyp, die erste Schöpfung, die im Buch Genesis schon von Gott als „sehr gut" beurteilt wird, ist gegenüber diesem Modell „Schöpfung 2.0" nur ein Schatten. Und dennoch ist sie unverzichtbar für den Menschen sozusagen als Vorraum der Ewigkeit: Der Mensch kann, so der biblische Glaube, nicht unmittelbar in die Herrlichkeit Gottes eintreten. Er braucht zunächst Abstand von Gott, den nötigen Freiraum, um in die Beziehung mit Gott hineinzuwachsen. Deswegen, so darf man folgern, kann der Mensch in dieser ersten Schöpfung noch nicht unsterblich sein; seinem Leben muss eine Grenze gesetzt sein, wenn das Beste noch kommen soll – nämlich ein Leben in ungestörter, ungebrochener Gemeinschaft mit dem Schöpfer. Dessen Zusage am Beginn der Schöpfung, so sagt der biblische Schöpfungsglaube, wird auch bei ihrer Vollendung gültig bleiben: „Und siehe, es war sehr gut!" (Gen 1,31)

13. Bibel und Big Bang: Die Heilige Schrift in der Selbstreflexion

„Glauben Sie an die Bibel oder an den Urknall?“ Aus den bisherigen Überlegungen haben sich einige Zusammenhänge und Gesprächsmöglichkeiten zwischen Bibel und Naturwissenschaften ergeben, die Sie beim nächsten Mal, wenn Ihnen diese Frage gestellt wird, nicht mehr in Verlegenheit geraten lassen – solange Ihr Fragesteller Ihnen bis hierher überhaupt zuhört. Alles in allem hat sich der Gedanke der Komplementarität aus der Quantenmechanik als sehr nützlich erwiesen, um unterschiedliche Perspektiven in der Bibel zu beschreiben. Und wir können damit ein Miteinander der verschiedenen Perspektiven – kosmologisch und theologisch – wie das Verhältnis von Glaube und Naturwissenschaften insgesamt charakterisieren. Beide, Glaube und Naturwissenschaften, liefern Beschreibungen von Wirklichkeiten, die zunächst einander zu widersprechen scheinen, bei genauem Hinsehen sich jedoch ergänzen, bereichern und dabei immer den Betrachtungsstandpunkt des Beobachters mit einbeziehen. Diese Beziehung verschiedener Perspektiven drücken die biblischen Texte in vielerlei Weise aus.

Doch gibt es in der Bibel auch eine deutlichere Aussage, wie sich Kosmologie und Glaube zueinander verhalten? Natürlich sucht man in der Bibel vergeblich nach einem Satz wie: „Naturwissen und Glaube verhalten sich komplementär zueinander.“ Es gibt jedoch einen Bibeltext, der mit anderen Mitteln auf faszinierende Weise veranschaulicht, wie die Bibel sich selbst versteht und ihr Verhältnis zur Kosmologie charakterisiert. Es handelt sich um Psalm 19, der sich sozusagen aus zwei Liedern zusammensetzt: einem Lied über den Kosmos bzw. die Schöpfung („Schöpfungshymnus“, Verse 2–7) und einem Lied über die *Tora* („Torahymnus“ Verse 8–15). Zur Erklärung vorab: Die

Tora bezeichnet in der Regel die fünf Bücher Mose; sie steht vor den *Propheten* (*Nabim*) und den *Schriften* (*Ketubim*), mit denen sie gemeinsam die Hebräische Bibel aufbaut. Ebenso kann *Tora* ganz allgemein Belehrung, Gebot oder Weisung bedeuten. Welche Bedeutung im folgenden Psalm die passende ist, soll zunächst einmal offenbleiben.

Schöpfungshymnus:

2 *Die Himmel erzählen die Herrlichkeit Gottes,*
das Werk seiner Hände verkündet das Firmament.
3 *Ein Tag lässt dem anderen Worte sprudeln,*
eine Nacht tut der anderen Wissen kund,
4 *ohne Rede und ohne Worte,*
ungehört ist ihre Stimme.
5a *Auf die ganze Erde geht ihre Weisung (qum) hinaus,*
b *bis ans Ende der Erde ihre Worte.*
c *Dort hat er der Sonne ein Zelt gebaut.*
6 *Sie tritt aus ihrem Gemach hervor wie ein Bräutigam;*
sie frohlockt wie ein Held und läuft ihre Bahn.
7 *An einem Ende des Himmels geht sie auf*
und läuft bis ans andere Ende;
nichts kann sich vor ihrer Glut verbergen.

Torahymnus:

8 *Die Weisung JHWHs ist vollkommen,*
sie erquickt die Seele.
Das Gesetz JHWHs ist gewiss,
den Unwissenden macht es weise.
9 *Die Befehle JHWHs sind richtig,*
sie erfreuen das Herz.
Das Gebot JHWHs ist lauter,

es erleuchtet die Augen.
10 *Die Furcht JHWHs ist rein,*
sie bleibt ewig bestehen.
Die Urteile JHWHs sind wahr,
gerecht sind sie allesamt.
11 *Sie sind kostbarer als Gold,*
und feines Gold in Fülle.
Sie sind süßer als Honig,
als Honig aus Waben.
12 *Auch dein Knecht lässt sich von ihnen warnen;*
wer sie beachtet, hat reichen Lohn.
13 *Verirrungen, wer bemerkt sie?*
Von verborgener Schuld sprich mich frei!
14 *Auch vor übermütigen Menschen halte deinen Knecht zurück.*
Sie sollen nicht über mich herrschen.
Dann bin ich makellos,
rein von schwerer Schuld.
15 *Lass die Worte meines Mundes*
und das Erwägen meines Herzens dir wohlgefällig sein,
JHWH, mein Fels und mein Erlöser.

Vielleicht haben Sie auch den Eindruck, gerade zwei ganz unterschiedliche Psalmen, einen über den Kosmos und einen über dic *Tora*, gelesen zu haben. Oder mit Rückblick auf Kapitel 1 formuliert: Man kann den Eindruck bekommen, man hätte es bei dieser Zusammenstellung mit einem zu Papier gebrachten Fall von kognitiver Dissonanz zu tun. In der Exegese lässt sich daher eine ähnliche Diskussion über diese beiden Psalmteile feststellen, wie man sie in der Diskussion um das Verhältnis von Naturwissenschaften und Theologie erkennt. Die Antworten umfassen auf beiden Seiten völlige Unabhängigkeit voneinander wie auch eine dialogische Interaktion. Sogar eine wechselseitige

Komplementarität ist beiden Psalmteilen bereits zugesprochen worden. Wenn es um die liturgische Verwendung des Psalms geht, haben sich allerdings die Unabhängigkeitsbefürworter durchgesetzt. Diese versuchen zu begründen, dass die Zusammenführung der beiden Texte durch einen biblischen Redaktor erfolgt sein muss, der sich dabei über die jeweiligen Besonderheiten und Eigenständigkeiten beider Hymnen hinweggesetzt hat. In der römisch-katholischen Liturgie werden die beiden Psalmteile im Gottesdienst seit der Liturgiereform des II. Vatikanischen Konzils (1962–1965) daher weitgehend getrennt voneinander gebetet.

Eine große Unterschiedlichkeit beider Psalmteile ist allein von ihrer Form her unbestreitbar. Im hebräischen Originalklang ist der Rhythmus beim Torahymnus weit monotoner als beim Schöpfungshymnus. Und seinem Inhalt entsprechend erinnert er an das repetitive Auswendiglernen von Versen der *Tora*, wie es bis heute für Jüdinnen und Juden zum Hineinwachsen in ihren Glauben dazugehört. Auch inhaltlich sind die Texte sehr verschieden und dürften auf sehr unterschiedliche Traditionen zurückgehen. Beim Schöpfungshymnus mit seiner personifizierten Beschreibung der Sonne vermutet man, dass ein alter kanaanäischer Gesang zu Ehren eines Sonnengottes aufgegriffen worden sein könnte, der schließlich auf den JHWH-Glauben hin umgeformt wurde. Gemäß dieser angepassten Version ist die Sonne keine Gottheit mehr, sondern ein Geschöpf, das mit seiner Leuchtkraft von der Herrlichkeit ihres Schöpfers erzählt. Was für ein Signal die Sonne bei diesem „Erzählen" genau von sich gibt, bietet wiederum Anlass zu vielfältigen Spekulationen. Dies liegt u. a. an der Unklarheit, wie der Begriff *qum* in Vers 5 zu übersetzen ist:

> *Auf die ganze Erde geht ihr* qum *hinaus,*
> *bis an ihr Ende ihre* Worte.

Für Psalmverse sind sogenannte Parallelismen, d. h. Sinnreime typisch, die jeweils mit anderen Worten denselben Gedanken wiedergeben. Dass sich *qum* also vom Sinn her auf „Worte" reimen sollte, könnte an eine akustisch hörbare Botschaft denken lassen. Wie ist es dann aber zu verstehen, dass eine Zeile zuvor gesagt wird: „ungehört ist ihre Stimme"? Wäre nicht eher das Gegenteil treffender: „Nicht zu überhören ist ihre Stimme"? In diesem Sinne haben die Übersetzer der Bibel ins Griechische (die Septuaginta) den Text verstanden, nämlich indem sie die Verneinungen in Vers 4 zu einer doppelten Verneinung kombinieren: „Keine Reden und keine Worte gibt es, deren Stimmen nicht gehört werden." Das hieße dann jedoch, dass dem Menschen aufgrund eines ständigen Geräuschpegels von Halleluja-Klängen aus dem All irgendwann die Ohren dröhnen müssten. Andere Übersetzungen gehen daher von einer dezenteren Botschaft Gottes in der Welt aus: Sie deuten *qum* als eine Messschnur, die in der ganzen Welt ausgespannt ist. Gottes Gegenwart zeigt sich demnach allenfalls bei genauem Hinsehen, wenn man in der Schöpfung eine innere Ordnung und Weisheit erkennt. Manche wiederum verstehen gemäß dem vierten Vers jeden Versuch, irgendetwas von diesem himmlischen Lobpreis wahrnehmen und verstehen zu wollen, als von vornherein hoffnungslos. Wegen dieser Unschärfe wurde Psalm 19 als biblischer Beleg sowohl *für* als auch *gegen* die Möglichkeit einer „natürlichen Theologie" herangezogen.

Egal wie man übersetzt: Es geht nicht ganz ohne Willkür, wenn man den Begriff *qum* und damit den ganzen Psalmteil wie Schrödingers Katze bei einer Messung auf einen von vielen möglichen Zuständen festlegen will. Mit einer gemäßigten Mittelposition dürfte man daher am wenigsten falsch liegen: Mit der Vorstellung eines dezenten, unaufdringlichen Werbens Gottes um das Entdecken der Spuren seiner Weisheit und Rationalität, die sich sanft und zartgesponnen durch seine Schöpfung ziehen;

um das Wahrnehmen der leisen Töne, die den Menschen wie eine zarte Melodie umspielen und seine „religiöse Musikalität“ ansprechen – oder welche Antennen es auch immer selbst bei den „religiös Unmusikalischen“ geben mag. Eine Vorstellung von einem Gott hingegen, der dem Menschen seine Gegenwart geradezu aufzwingt, würde auch schwer zusammenpassen mit einem Bild vom Menschen, der von Gott geliebt ist und diese Liebe aus freien Stücken und nicht aus Zwang oder Aufdringlichkeit erwidern soll.

Hier scheint also ähnlich intelligent zwischen den Zeilen gelesen werden zu müssen, wie es in Kapitel 10 beschrieben wurde, um es dem Psalmisten gleichzutun und diese Kunde wahrzunehmen. Eine solche Wahrnehmungsfähigkeit lässt Beterinnen und Beter des Psalms in der Gesetzmäßigkeit des Sonnenlaufs wieder ein anschauliches Beispiel und ein Vorbild für sich selbst sehen. Es gilt für sie, sich wie die Himmelskörper dem göttlichen Gesetz zu fügen, welches sich für das Volk Israel in der *Tora* niederschlägt. Apropos *Tora* – da von dieser ja im zweiten Psalmteil die Rede ist, könnte dieser Zusammenhang von Sonnenlauf und göttlichem Gesetz vielleicht ja eine Antwort auf die Frage der Zusammengehörigkeit beider Psalmteile sein.

Der Blick auf die Verse 8 bis 10 zeigt: Der Torahymnus verwendet mehrere verschiedene Begriffe aus dem Wortfeld „Gesetz“ bzw. „Weisung“, die in mehreren parallelen, vom Sinn her „gereimten“ Versen synonym zum Begriff „*Tora*“, d. h. für Gottes offenbartes Gesetz stehen. Mit diesem hat Gott gegenüber seinem auserwählten Volk seinen Willen bekundet und diesem ein Leben in Freiheit ermöglicht. Das Gesetz ist daher Ausweis für Gottes beständige Treue – wer sich unter diese Weisung stellt, drückt damit gegenüber Gott die Annahme und Erwiderung seines Treueangebots aus.

Es ist nicht verwunderlich, dass zur Veranschaulichung der Stabilität dieses Treuebundes mit Gott sehr gerne, wie in Kapitel 11 auch bei Jesus Sirach angemerkt wurde, auf Regelmäßigkeit und Beständigkeit in der Natur zurückgegriffen wird. Hierfür eignen sich vor allem die Himmelskörper. So wie die Sonne Tag für Tag ihre Bahn läuft, wie die Gestirne sich an ihre vorgegebene Bahn halten und einander nicht in die Quere kommen, so erfüllt der Mensch den Sinn seines Daseins, wenn er sich an die göttlichen Gesetze hält. Diese Beziehung zwischen der Sonne im Schöpfungshymnus und dem Beter des Psalms schlägt sich bei näherem Hinsehen bis in die Struktur des Psalms hinein nieder und wird auch mit recht unauffälligen Signalwörtern in den jeweiligen „Scharnierversen" 5c und 12 angezeigt („dort" bzw. „in ihnen" und „von ihnen", hebr. „*bahem*"). Dies wird deutlicher sichtbar, wenn man die beiden Hymnen wie folgt in jeweils zwei Teile (bzw. Strophen) untergliedert:

Schöpfungshymnus		
Verse 2–5b (1. Strophe)	Die Herrlichkeit Gottes in der Schöpfung	*Rede über Gott (El)*
Verse 5c–7 (2. Strophe)	Der Lauf der Sonne ist bestimmt zur Verkündigung der Herrlichkeit Gottes.	
Torahymnus		
Verse 8–11 (3. Strophe)	Die Vollkommenheit der Tora	*Rede über Gottes (JHWHs) Wort*
Verse 12–14 (4. Strophe)	Der Lebenslauf des Beters ist bestimmt durch die Tora.	*Rede an Gott (JHWH)*

Der Bezug zwischen der Sonne im Schöpfungshymnus und dem Beter im Torahymnus ist nicht der einzig mögliche, der zwischen beiden Psalmteilen zu entdecken ist. Ebenso besteht eine Parallelität zwischen der Sonne und der *Tora* selbst, die mit dem gemeinsamen Motiv des Lichts untermauert wird: Wie das Licht der Sonne die Welt erhellt, so schenkt die *Tora* dem Beter Licht. Jedoch wird in der konkreten Wortwahl der *Tora* die weitaus erhellendere Wirkung zugesprochen. Sie ist rein, klar und erhellt die Augen.

Über diese feingesponnenen Bezüge hinaus wurde eine interessante Hypothese aufgestellt: Könnte es sein, dass die *Tora* nicht nur im Torahymnus abgebildet ist, sondern dass beide Psalmteile im „Teamwork" die fünf Bücher Mose, vom Buch Genesis bis zum Buch Deuteronomium, wie eine Art geheimer Code Revue passieren lassen? Das hieße: Vers 2 mit dem Stichwort „Himmel" und Vers 5 mit dem Stichwort „Erde" verweisen auf die Schöpfung von „Himmel und Erde" im allerersten Vers der Bibel (Gen 1,1); ebenso verweist die Rede vom Firmament in Vers 2 auf den ersten Schöpfungsbericht. Der letzte Vers des Psalms nennt dagegen mit dem Begriff „mein Fels" ein häufiges Leitmotiv des letzten Kapitels des fünften Buchs Mose (Dtn 32). Die Eigenschaften der *Tora* im zweiten Psalmteil könnten dann auf den Baum der Erkenntnis in der Paradieserzählung bezogen werden: Die *Tora* als Zeugnis des Herrn, das die Unwissenden weise macht, die Herzen erfreut, wäre dann der wahre Erkenntnisbaum, der im Gegensatz zu seinem Pendant in der Paradieserzählung eine weit nebenwirkungsfreiere Wirkung entfaltet. Dieser zieht nicht Tod und Vertreibung nach sich, wenn man von ihm kostet, sondern bringt wahre Erkenntnis und besitzt eine lebensförderliche Wirkung. Schließlich durchläuft der Psalm auch in seinem Bezug zu Gott (rechte Spalte der Tabelle) sozusagen die Stufen der Offenbarung Gottes an sein Volk, wie sie in der *Tora* niedergelegt ist. Er beginnt mit der Rede über Gott mit der allgemeinen Bezeichnung *El* und fährt dann fort mit der Rede über die *Tora* als Wort JHWHs, also des Gottes, der sich dem Volk Israel mit seinem Namen und seiner Weisung zu erkennen gegeben hat. Schließlich mündet der Psalm in die direkte Anrede an den Gott JHWH ein. Die Steigerung verläuft also von einer leisen Erahnung Gottes aus der Natur hin zu einer persönlichen Beziehung zu ihm. Das Gebet zu einem Gott, der sich mit seinem Namen zu erkennen gibt, ist nach dem Psalm bereits in der sichtbaren Schöpfung grundgelegt. Der Beter greift den Lobpreis Gottes auf, den der gläubige Betrachter aus der Natur herauslesen kann – beispielsweise daraus, dass die Sonne unentwegt ihren Dienst tut und sich die Gestirne an das ihnen auferlegte Gesetz halten. Der Beter des Psalms seinerseits ergänzt und intensiviert diesen Lobpreis mit seiner Anrede an den Gott, der sich seinem Volk mit seinem Namen zu erkennen gegeben hat.

Insgesamt kann man festhalten: Mit den beiden Psalmteilen lassen biblische Verfasser (oder Redaktoren) mit kunstvollen Mitteln zwei scheinbar sehr unterschiedliche Bereiche in Beziehung treten und dabei die scheinbare Dissonanz mehr und mehr in eine Konsonanz übergehen: den Kosmos und den Glauben an den Gott Israels, der sich in der Geschichte geoffenbart hat. Mit anderen Mitteln tun sie damit dasselbe, was wir heute versuchen, wenn wir Naturwissenschaft und Gottesglaube miteinander ins Gespräch bringen wollen. Beide Perspektiven kann man auch hier guten Gewissens als komplementär bezeichnen. Dazu passt, dass die Beterinnen und Beter des Psalms wie der Experimentator beim Messvorgang aktiv in das Geschehen, in die Verschränkung der Perspektiven mit einbezogen werden. Sie dürfen den Psalm sozusagen selbst auf die versteckten Verbindungslinien durchsuchen und sich dazu anregen lassen, in der Natur zwischen den Zeilen zu lesen und so etwas von der in ihr verborgenen Gegenwart ihres Schöpfers zu erahnen. Damit gibt der Psalm die *Tora* als eine Art Landkarte der Welt zu verstehen, die den Menschen Orientierung und Möglichkeiten zur Deutung des sie umgebenden Kosmos an die Hand gibt.

Die Bibel ist jedoch nicht nur Landkarte für den Kosmos, sondern Orientierungshilfe ebenso für *sich selbst*: Mit den Querverbindungen innerhalb der in ihr enthaltenen Bücher nimmt sie Bezug auf ihren eigenen Charakter, denkt über sich selbst nach. Sie gibt dabei zu erkennen, wie sie ihre eigene Überlieferung (in Form der *Tora*) mit anderen Wissensquellen, wie hier möglicherweise mit altorientalischen Hymnen über die Sonne, selbst in Beziehung treten lässt. Damit gibt sie den Leserinnen und Lesern einen Leitfaden an die Hand, wie sie heute verstanden und mit heutigen Wissens- und Erkenntnisquellen in Verbindung gebracht werden kann. So kann man sich vielleicht die Geschichte der Zusammenfügung beider Psalmteile in etwa vorstellen wie unsere gemeinsame Entdeckungsreise durch die Welt der Naturwissenschaften und der biblischen Texte: Beide Seiten scheinen für manche auf den ersten Blick nicht viel miteinander zu tun zu haben. Dann aber stellen sie doch eine Menge Gesprächsstoff für einen spannenden, horizonterweiternden Dialog bereit. Aus anfänglichen Dissonanzen entwickeln sie ein spannendes und unterhaltsames Konzert und laden sogar ihr Publikum dazu ein, mitzuspielen.

14. Epilog: Gottlob glücklich!

Als katholischem Priester sei mir am Ende noch ein Bekenntnis gestattet. Von dem bisher Gesagten her kann Gott ebenso wenig bewiesen wie denjenigen, die nicht an Gott glauben, Unvernunft unterstellt werden. Weder verlangen die Naturwissenschaften Gott als Erklärung noch kann irgendjemand nachweisen, dass die Bibel nicht ohne eine Inspiration Gottes zustande gekommen sein könnte. Die Annahme, dass es Gott gibt, bleibt eine mögliche, anscheinend auch gut begründbare, aber nicht zwingende Option. Und dennoch werben die biblischen Texte eindrücklich dafür, sich für die Option Gott zu entscheiden. Oder aus Sicht der Gläubigen: Gott wirbt mit seinem eigenen Wort in menschlicher Sprache um den Menschen, damit der Mensch ihn zu seinem eigenen Glück entdecken und eine Beziehung zu ihm aufbauen kann. Es erübrigt sich zu sagen, dass ich persönlich für diese Option stehe und sie für die „glücklicher machende" halte.

Die biblischen Schöpfungstexte machen einen Zusammenhang zwischen Glauben und Glücksempfinden besonders deutlich. Biblische Schöpfungstexte, so haben wir gesehen, sind in sich Symphonien von unterschiedlichen Stimmen und Perspektiven. Sie sind Beispiele dafür, wie verschiedenartige Sichtweisen auf die Wirklichkeit gelungen zu einem Ganzen verbunden werden können. Sie sind – ganz im Sinne des alttestamentlichen Weisheitsstrebens – eine Art Anleitung zu einer geglückten Integration von vielfältigen Lebensbereichen und damit, wenn man so will, zu einem glücklichen Leben. Diejenigen Menschen, die eine naturwissenschaftliche Sicht mit dem Glauben an Gott verbinden können – zumindest diejenigen, die ich bisher erlebt habe –, sind nicht deswegen glücklich, weil sie sich als große „Weltversteher" ausgeben möchten. Sie sind es vielmehr, weil wichtige Bereiche ihrer Welt nicht künstlich auseinandergehalten werden müssen, sondern ihren Platz in einer Lebenswelt versöhnt nebeneinander haben. Sie haben Freude daran, dass sie die verschiedenen Stimmen, die sie in ihrer Lebenswirklichkeit wahrnehmen, zu einem interessanten und alles andere als eintönigen Chorklang zusammenführen können, sodass diese Stimmen einander bereichern und ergänzen. Dies gilt auch besonders für das Miteinander von einem naturwissenschaftlichen und einem religiösen Blick auf die Welt. Persönlichkeiten, die mehrere Perspektiven auf die Wirklichkeit in ihr Leben gelungen integrieren, haben oftmals eine faszinierende Wirkung auf andere.

Sehr beeindruckend war es für mich, einen amerikanischen Physiker aus dem Massachusetts Institute of Technology (MIT) zu erleben, der dort eine große Forschungsabteilung leitete. Nach einem Vortrag bekannte er einmal, dass in dieser Stellung nicht nur wissenschaftliche, sondern vor allem menschliche Qualitäten gefragt seien. Diese, so sagte er, habe er nicht im Studium, sondern in der Kirche erlernt. Auch was die Zielsetzung von Forschung und Technik angeht, kann Religion, wie auch einmal Albert Einstein sagte, der Wissenschaft die Quelle einer Gesinnung liefern, nach Wahrheit und Erkenntnis zu streben. Religion ohne einen empirischen Bezug stünde hingegen in der Gefahr, sich mit Spekulationen über Unsichtbares im luftleeren Raum zu verlieren. Albert Einstein bringt die wechselseitige Bereicherung mit dem bekannten Satz auf den Punkt: „Naturwissenschaft ohne Religion ist lahm, Religion ohne Naturwissenschaft ist blind."

Das empfundene Glück über einen solchen Zusammenklang und die Freude darüber, unterschiedliche Aspekte seines Lebens zu integrieren und den Kosmos im Sinne einer solchen gelungenen Integration als Werk Gottes erkennen und bestaunen zu dürfen, durchzieht die Schöpfungstexte wie ein roter

Faden. Immer wieder wird erkennbar, dass eine lebendige Beziehung zu Gott als die einzig angemessene Antwort auf dieses Glück erscheint. Gott zu loben, wie in den Psalmen, ist immer verbunden mit dem Ausdruck einer tief empfundenen Dankbarkeit gegenüber dem Schöpfer. Gott hat dieses menschliche Lob nicht nötig. Doch der Wunsch, Gott zu loben, lässt den geschaffenen Menschen zu seinem Schöpfer zurückkehren und ihm Danke sagen für sein Glück, überhaupt da zu sein.

Dass eine solche Dankbarkeit umgekehrt wieder das Glücksempfinden steigert, wurde wiederholt in verschiedenen Studien belegt, auf die sich Glücks- und Dankbarkeitsratgeberbücher immer wieder beziehen. Wer die Welt und sich selbst als Schöpfung und sein Leben nicht als Resultat eigener Leistung sieht, sondern sich aus der Hand eines anderen hervorgegangen weiß, für den ist Dankbarkeit eine lebensbestimmende und existenzielle Grundhaltung. Er sieht rein gar nichts als selbstverständlich an und kann sich gegenüber dem Wunder des Kosmos und der eigenen Existenz nur mit Staunen und Dank verhalten. Dankbarkeit bedeutet anzuerkennen, dass die Quelle des Guten außerhalb von uns selbst liegt. Der Sinn des Lebens besteht aus dieser Perspektive für einen dankbaren Menschen darin, das Gute, das ihm Tag für Tag widerfährt, als ein Geschenk anzunehmen. Der Sinn des Lebens wird damit gefunden, er wird dankbar angenommen; er ist daher nicht etwas Selbstproduziertes, womit sich der Mensch im schlimmsten Fall selbst an der Nase herumführt. Dankbarkeit ist dagegen die innere Haltung, die den Menschen für den Sinn aufgeschlossen sein lässt, der dem Leben von außen zukommt – oder aus gläubiger Perspektive: ihm von seinem Schöpfer mitgegeben ist. So wird jeder Augenblick aus gläubiger Sicht sinnvoll, da er als Geschenk aus der Hand des Schöpfers angenommen werden kann.

Damit soll nicht behauptet werden, dass Menschen, die nicht an Gott glauben, undankbarer wären als gläubige. Nur haben gläubige Menschen in Gott für ihren Dank für das Geschenk ihres Lebens einen personalen Adressaten. Sie haben außerdem die Möglichkeit, diesem Dank konkret Ausdruck zu verleihen. Dank gehört zu jeder Religion wesentlich dazu. Der christliche Kirchenvater Lactantius führt den lateinischen Begriff *religio* auf das Verb *religare* zurück, das man mit „rückbinden" übersetzen kann. Religion hieße dementsprechend die Rückbindung des Gläubigen an den Grund alles Guten. Religion bedeutet demnach fast dasselbe, was Dankbarkeit heißt: Es bedeutet, zum Geber des Guten zurückzukehren, dass sich Schenkender und Beschenkter begegnen können.

Diese Dynamik zieht sich durch die ganze Geschichte der Religionen hindurch. Christinnen und Christen feiern aus diesem Grund von Anfang an das *Herrenmahl* – bei Katholikinnen und Katholiken „*Eucharistie*" genannt, was „Danksagung" bedeutet. Gott schenkt sich den Menschen in seinem Sohn Jesus Christus. Der Mensch nimmt dieses Geschenk an und macht sich umgekehrt selbst zum Geschenk für Gott und seine Mitmenschen. In dieser Danksagung wird mit Brot und Wein stellvertretend der ganze Kosmos einbezogen – und damit der Erkenntnis entsprochen, dass der Mensch mit der ihn umgebenden Schöpfung engstens verflochten ist. Diese Erkenntnis haben wir in unserem Streifzug sowohl von naturwissenschaftlicher als auch von biblischer Seite mitnehmen können.

Auch Papst Franziskus bringt diesen Zusammenhang zum Ausdruck – er soll hier noch einmal zu Wort kommen: „Von ‚Schöpfung' zu sprechen ist für die jüdisch-christliche Überlieferung mehr als von Natur zu sprechen, denn es hat mit einem Plan der Liebe Gottes zu tun, wo jedes Geschöpf einen Wert und eine Bedeutung besitzt. Die Natur wird gewöhnlich als ein System verstanden, das man analysiert, versteht und handhabt, doch die Schöpfung kann nur als ein Geschenk begriffen werden, das aus der offenen Hand des Vaters aller Dinge hervorgeht, als eine Wirklichkeit, die durch die Liebe erleuchtet wird, die uns zu einer allumfassenden Gemeinschaft zusammenruft." (Laudato si', Abs. 76)

Das bedeutet: Je mehr der Mensch die Natur als Schöpfung zu deuten weiß, desto mehr ist von ihm ein lebensgerechter und verantwortungsvoller Umgang mit ihr verlangt. Dass das alttestamentliche Ideal der Weisheit dazu verhelfen könnte, ist bereits betont worden. Demnach gilt es, Naturwissenschaft und Technik mit einer menschengemäßen Zielsetzung zu versehen und eine Richtung vorzugeben, wohin konkret der Fortschritt führen soll, und immer wieder neu auszuloten, welches die Koordinaten für das Streben nach dem Guten sind. Eine biblisch inspirierte Weisheit setzt mit dieser Haltung dem zügellosen Wachstum eine Grenze und fragt danach, wie der Lebenssinn des Menschen auch und gerade ohne eine Verzweckung und Ökonomisierung der Welt verwirklicht werden kann. Sie erinnert daran, dass sich die Fähigkeiten der Menschen über die Natur nicht seiner Eigenleistung verdanken, sondern allein der Zuwendung Gottes zu ihm. Löst sich der Mensch von der dahinterstehenden Intention seines Schöpfers, die Schöpfung zu hüten und zu bewahren, läuft er Gefahr, sich in seiner Hybris selbst zugrunde zu richten. Die biblische Weisheit ruft in Erinnerung, dass sich jedes Leben als gegeben, als Geschenk vorfindet und nicht über sich selbst verfügt oder vom Menschen allein verzweckt werden darf. Sie lässt Erkenntnis der Natur und des rechten Handelns Hand in Hand gehen, und sie lässt den Menschen die Würde erkennen, die die Schöpfung in sich trägt. Dass die Realität des Menschen und seiner Beziehung zu seinen Mitgeschöpfen faktisch leider anders aussieht, steht auf einem anderen Blatt. Umso mehr tut er gut daran, eine biblisch begründete, weisheitliche Sicht auf die Welt nicht aus seinem Horizont herauszudrängen.

Die Frage nach dem richtigen Handeln des Menschen geht mit einer anderen, weiter gefassten Frage Hand in Hand: Wer oder was ist der Mensch überhaupt? Diese Frage des Menschen nach sich selbst steht auch im Horizont der biblisch überlieferten Weisheit. Sie lässt den Menschen nach seinem Woher und Wohin fragen. In kaum einem anderen Text kommt die Frage des Menschen nach seiner Bedeutung, nach dem Gedenken Gottes an ihn, so schön zur Geltung wie in Psalm 8:

2 *JHWH, unser Herrscher, wie herrlich ist dein Name auf der ganzen Erde!*

Der du deine Hoheit über die Himmel gelegt hast.
3 *Aus dem Mund der Kinder und der Säuglinge*
hast du dir eine Macht aufgebaut, gegen deine Gegner
und um zur Ruhe zu bringen Feind und Rächer.
4 *Wenn ich deinen Himmel sehe, das Werk deiner Finger,*
Mond und Sterne, die du befestigt hast.
5 *Was ist da der Mensch, dass du an ihn denkst,*
des Menschen Sohn, dass du ihn beachtest.
6 *Du hast ihn nur wenig geringer gemacht als Gott,*
hast ihn gekrönt mit Ehre und Herrlichkeit.
7 *Du machtest ihn zum Herrscher über das Werk deiner Hände,*
alles hast du unter seine Füße gelegt.
8 *Alle Herden und alles Vieh,*
und auch die wilden Tiere auf dem Feld.
9 *Die Vögel des Himmels und die Fische im Meer,*
was auf den Pfaden des Meeres dahinzieht.

10 *JHWH, unser Herrscher, wie herrlich ist dein Name auf der ganzen Erde.*

In diesem Psalm sind es die Weite und Höhe des Himmels sowie die Pracht der von ihm als Werk JHWHs erkannten Gestirne, die den Menschen dazu veranlassen, die Frage nach der eigenen Bedeutung zu stellen: „Was ist der Mensch, dass du an ihn denkst?" Im Kontrast zu den Gestirnen, welche aus der Sicht des Psalmdichters für Erhabenheit und Ewigkeit stehen, wird sich der Mensch umso mehr seiner Hinfälligkeit und Sterblichkeit bewusst. Diese Eigenschaften des Menschen klingen in den hier gewählten Bezeichnungen für den Menschen als *enosch* („Menschlein") und *ben-adam* („Adamssohn") an. Diese Bezeichnung nimmt Bezug auf die Aussage der Genesis, dass der Mensch vom Erdboden kommt und wieder zu ihm zurückkehrt. Umso mehr ist der Mensch erstaunt über die ihm von Gott verliehene Würde, seine Möglichkeiten und Fähigkeiten. Der Psalmist drückt diese Befähigung des Menschen mit dem Bild eines Krönungsrituals aus, das ihn quasi in einen gottgleichen Stand erhebt. Heutzutage könnten andere Formulierungen dem Staunen Ausdruck verleihen, etwa: „Du lässt ihn das menschliche Genom entschlüsseln!", „Du lässt ihn zum Mond fliegen!", „Du lässt ihn Impfstoffe gegen Viren finden!"

Auch die im Psalm beschriebene Beziehung zu den Tieren ließe sich auf den heutigen Kontext übertragen: Mit seiner privilegierten Rolle und seiner technischen Intelligenz weiß sich der Mensch gegenüber seinen Mitgeschöpfen in der Verantwortung und dabei immer an den Willen seines göttlichen „Auftraggebers" zurückgebunden. Er ist Gottes Sachwalter über seine Schöpfung und hat dafür zu sorgen, dass sie *gute* Schöpfung bleibt. Der Psalmist bringt diese Rückbindung der menschlichen Fertigkeiten an den Willen seines Schöpfers dadurch zum Ausdruck, dass er seine staunende Reflexion über den Menschen und seine Fähigkeiten in eine konsequent durchgehaltene Anrede an Gott einbettet. Darin bringt er auch seine Daseinsangst, das Bewusstsein um die lebensfeindlichen Kräfte, das Wissen um die Nichtselbstverständlichkeit seiner Existenz und seine Hinfälligkeit vor Gott zur Sprache. So erkennt er an, dass Gott den Kosmos im Dasein erhält und den Lebensraum des Menschen sowie seine Existenz sichert.

Was der Psalmist dem modernen Menschen noch voraus hatte, ist der klarere Blick in den Sternenhimmel, der zu seiner Zeit weder durch Schmutz in der Atmosphäre noch durch „Lichtverschmutzung" getrübt war. Dafür konnten die Menschen damals nicht mit unseren Hubble-Teleskopen mithalten, die heute dem Menschen für einen weit tieferen Blick in den Sternenhimmel zur Verfügung stehen. Mit ihnen blickt der Mensch in die Unermesslichkeit eines expandierenden Universums und erreicht Milliarden Lichtjahre entfernte Galaxien. Sein urmenschliches Erschauern vor der Größe und Unermesslichkeit ist bei allem technischen und wissenschaftlichen Fortschritt jedoch dasselbe wie zu biblischen Zeiten geblieben. Der Mensch kann sich bei diesem Anblick eigentlich nur wie ein unbedeutendes Staubkorn vorkommen. Der Glaube sagt ihm jedoch, dass er von Gott nicht übersehen wird, sondern für Gott mehr wert ist als tausende Galaxien. „Nicht umschlossen werden vom Größten, sich umschließen lassen vom Kleinsten – das ist göttlich", schreibt Hölderlin. So gesehen wird der Blick in den Himmel umso mehr zum Grund für das Vertrauen in Gottes Güte und für die Gewissheit, für alle Zeiten und über den Tod hinaus von Gott getragen zu sein.

Auch der Prophet Deuterojesaja fordert ja, wie wir gesehen haben, seine Zuhörer dazu auf, in die Höhe zu schauen und vom Blick auf die Sterne Schlussfolgerungen für das eigene Leben und für den Glauben an Gott zu ziehen. Der Schöpfer der Welt, so die Botschaft des Propheten, ist auch mächtig genug, sein Volk aus Babylon zu befreien und dessen Heimat wieder aufzubauen. Den historischen Hintergrund, das babylonische Exil, setzt die christliche Theologie mit der zeitlosen Erfahrung des Fremdseins in Beziehung, die von ethnischer und religiöser Entwurzelung bis hin zum Fremdsein des Menschen in der vergänglichen und sterblichen Welt reicht. Inmitten dieser Fremdheit des menschlichen Daseins will der Blick in den Himmel das Vertrauen im Menschen stärken, dass er seine Existenz nicht blindem Zufall, sondern einem liebenden Gott verdankt, der ihn geschaffen hat als sein geliebtes Gegenüber.

Die Sterndeuter im Neuen Testament lesen aus dem Blick auf eine besondere Sternkonstellation die Geburt eines Königs heraus: eines Kindes, dem der Name Immanuel, „Gott mit uns", gegeben wird. Der Gott Jesu Christi, des Immanuel, lässt uns nach der biblischen Botschaft niemals allein, weil er jeden einzelnen Menschen unermesslich liebt. „Ich liebe dich" heißt gemäß dem Philosophen Gabriel Marcel so viel wie: „Ich will nicht, dass du stirbst." Von Gott geschaffen zu sein, bedeutet geliebt, zum Leben bestimmt – und damit gottlob glücklich zu sein. Es heißt, dass mit dem Tod nicht alles vorbei ist. Es heißt, dass wir mit der ganzen Schöpfung „von der Sklaverei und Verlorenheit befreit werden zur Freiheit und Herrlichkeit der Kinder Gottes" (Röm 8,21). Dass Sie, liebe Leserin und lieber Leser, da sind, ist aus dieser Perspektive ein Geschenk, für das der Schöpfer mit der Konstruktion unseres Universums einiges an Aufwand zu betreiben bereit war. Er will, dass Sie sind und nicht *nicht* sind – oder dass es am Ende auf dasselbe herauskäme, als wären Sie nie dagewesen. Und auch inmitten klima-apokalytpischer und neu aufgekommener nuklearer Drohszenarien spricht der jahrtausendealte biblische Glaube die Botschaft hinein: Gott hat unsere Welt nicht gemacht und seine Schöpfung durch alles Auf und Ab bis hierher begleitet, um sie am Ende doch nur dem Nichts und der Sinnlosigkeit anheimfallen zu lassen.

Eine Weltsicht, die auf diese Weise den Gottesglauben integriert und zwar Hoffnung macht, dabei jedoch über das faktisch Sicht- und Messbare hinausgeht, mag manchen weltfremd erscheinen. Eine Weltsicht jedoch, die allein auf die sichtbare Materie beschränkt ist und die biblischen Grundlagen der abendländischen Kultur lieber heute als morgen in der Versenkung verschwinden lassen will, wäre aus gläubiger Sicht auf traurige Weise verkürzt, eindimensional, einer grundlegenden Sinnperspektive beraubt und letztlich nicht menschengemäß. „Wenn es den Schöpfergott nicht gäbe, so müsste man ihn erfinden", schrieb aus diesem Grund der französische Philosoph Voltaire im 18. Jahrhundert zur Zeit der Aufklärung. Gott gibt es – gottlob! –, sind sich Glaubende gewiss dank ihrer wie auch immer gearteten Antennen für das Übersinnliche. Und heißt ge-*wiss* sein nicht eigentlich so viel wie *wissen*? Eine solche Gewissheit zu haben bedeutet nicht, dass sie nicht auch immer wieder von bohrenden Zweifeln herausgefordert werden kann. Wer trotz aller Zweifel glaubt, für den bleibt diese Gewissheit dennoch ein tragendes Fundament. Den Glaubenden sagt ihre Gewissheit, dass Gott sie aus Liebe geschaffen hat und zum Ziel führt. Für sie ist jeder Moment ihres Lebens eingebettet in eine freudige Erwartung, die sich über den Moment, ja über das Leben hinaus erstreckt und auf eine Zukunft verweist – so wie jeder Takt eines Musikstücks oder jedes Wort in einem guten Gespräch auf den weiteren Verlauf gespannt sein lässt. Diese Gewissheit wird genährt vom „Zwischen-den-Zeilen-Lesen" in der Schöpfung und vom Lesen des Wortes Gottes – und vom Vertrauen darauf, dass etwa die Berichte über den auferstandenen Jesus keine kollektiven Lügengeschichten sind. Und von der Erfahrung, dass eine bewusst gestaltete und lebendige Beziehung zu diesem Schöpfer keine Einbahnstraße bleibt, sondern dass uns Gott immer wieder mit kleinen Zeichen seine Gegenwart spüren lässt. Wer meint, dieselbe Gewissheit vom Glauben an die Zahnfee oder an das Spaghetti-Monster zu gewinnen – weil man diese ja zwar auch nicht beweisen, aber auch nicht widerlegen kann –, dem sei dies von Herzen gegönnt. Doch wer gerade doch noch irgendwie zwischen Zahnfeeglaube und Gottesglaube hin- und hergerissen ist, dem sei der Ratschlag Voltaires noch einmal wärmstens ans Herz gelegt.

Danksagung

Dass jede Minute unseres Lebens aus der Perspektive des Glaubens an Gott ein Geschenk ist, sollte auf den zurückliegenden Seiten ins Bewusstsein gerückt werden. Daher gilt ein Dankeschön zunächst Ihnen, liebe Leserinnen und Leser, dass Sie einen Teil Ihrer Lebenszeit für die Lektüre dieses Buches aufgebracht haben. Vielen anderen sei ein herzlicher Dank für die Begleitung und für Anregungen bei der wissenschaftlichen Erarbeitung des Themas und/oder beim Verfassen dieses Buches ausgesprochen. Erwähnt seien besonders Prof. Dr. Hubert Irsigler und Prof. Dr. Helmut Hoping. Darüber hinaus gilt der Dank allen weiteren Professorinnen und Professoren der Physik und Theologie, die im Studium so manche Horizonte eröffnet haben. Für ermutigende Feedbacks danke ich meiner evangelischen Amtskollegin Wiebke Dornauer, meinen Kolleginnen Dr. Antje Hetterich und Monika Pätzel, ebenso Martina Mosthaf und Dr. German Neundorfer für das Lektorat. Ebenso sei allen anderen Wegbegleiterinnen und -begleitern, meinen Eltern Lucia und Rudolf Huber sowie meinem Bruder Thomas für ihre vielfältige Unterstützung gedankt.

Zum Autor

Matthias Huber (Dr. theol., Dipl.-Phys.), geb. 1977, studierte Physik an der Universität Konstanz mit Auslandssemester in Shanghai, China. Es folgte ein Theologiestudium in Freiburg i.Br. und Salamanca, Spanien. 2013 wurde er zum Priester geweiht. Promotion im Fach Altes Testament / Dogmatik. Seit 2020 ist Matthias Huber Hochschulpfarrer der Katholischen Hochschulgemeinde Edith Stein in Freiburg i.Br.